校則なくした中学校　たったひとつの校長ルール

西郷孝彦

はじめに

東京・世田谷区立桜丘中学校には、校則がありません。
定期テストもなければ、宿題もありません。
チャイムも鳴らなければ、教員が生徒を強い口調で叱ることもありません。
ほかの中学校にある〝当たり前〟が、何ひとつありません。
いろいろな差別もいじめもありません。
あるのは、子どもたちの笑顔だけです。
服装も自由、髪形も自由、おまけに授業中の昼寝も、廊下での勉強も自由。
みんな自由に意見を言い合い、その議論で学校が変わり続けています。
いつの間にか「越境してでも行きたい」と言われるようになりました。
そんな中学校、本当にあるの？
そう思うかもしれません。実際、10年前はどこにでもある普通の中学校でした。
でも変わりました。

教員も変わりました。地域も保護者も変わりました。
何より、子どもたちがいちばん変わりました。
子どもたちは、抑えつけられていた本来の自分をここで取り戻したのです。
特別なことはしていません。大げさな教育理論もありません。
すべての子どもたちが3年間を楽しく過ごせるにはどうしたらいいか。
そのことばかり考えていたら、ちょっと変わった学校になりました。
目の前の困っている生徒が幸せになるにはどうしたらいいか。
そんなふうに取り組んでいったら、こんな楽しい学校になりました。

この本では、そんな桜丘中学校の生徒たちのキセキを描きました。
でもこれは〝奇跡〟などではありません。
どんな学校でも、どんなご家庭でも、まだ間に合います。
子どもたちは必ず、本当の自分を取り戻すことができます。
桜丘中学校の生き生きとした子どもたちを、どうかあなたご自身の目でご覧ください。

目次

第1章 あれもこれも「ない」中学校

服装自由の登校風景

夏休み明けの9月のとある日。

桜丘中学校のシンボル・桜並木の下を、朝8時頃から、生徒たちが次々に歩いて登校してきます。

「おはよう！」

「おはようございます!!」

桜丘中学校で10年になる最古参の警備員・栁原勝幸さんの声かけに、桜丘中学校の生徒たちが、元気に声を返します。

門は4か所開放されていて、生徒たちは家にいちばん近い門から入ってきます。10年前は、「登下校は正門に限る」という決まりがありましたが、いまはどの門から入っても自由です。

登校している子どもたちは、ほかの公立中学校とは少し様子が違います。表情が明るい？　もちろんそれもありますが、いちばんの違いは服装です。

グレーのパーカにボーダー柄の短パンというイマドキの男の子。

カラフルな黄色いTシャツの女の子。

緑のキャップを目深にかぶっている男の子。

部活のジャージーを着ている子。

そう、この学校は服装が自由なのです。一見、中学生には見えないかもしれませんね。まだ小学生っぽさが抜けない子もいれば、もう高校生のような大人びた子もいます。

もうひとつの大きな違いは、ほかの中学校ではおなじみの、服装や遅刻をチェックする生活指導の教員がいないことかもしれません。服装や登校時間が自由なので、チェックする必要がないのです。

もちろん、学校指定の制服を着てくる子もいます。

でもよく見ると、制服姿の子も、皆同じではありません。

リボンをせずに、ネクタイを締めている女の子。

ワイシャツの代わりにポロシャツをコーディネートしている男の子。

スカートの丈の長さもバラバラです。

それぞれが、自分たちの思い思いの恰好をして学校に通ってきます。

定期テストをやめた

教室を覗いてみましょう。

登校してきた生徒たちは、おしゃべりもそこそこに、ノートや問題集を広げて勉強を始めています。

「ちょっとどうしよう、これわかんない。教えて！」

あちこちでミニ勉強会が始まっています。

桜丘中学校では授業の開始や終わりを告げる通常のチャイムは鳴りません。その代わり、生徒たちは自分で時計を確認しながら行動します。

時間が来ると担任が生徒全員に紙を配り始めます。「ミルフィーユテスト」という愛称がかわいい「積み重ねテスト」です。

生徒たちが朝から必死に勉強していたのは、これがあったからです。事前に出題範囲が配られているので、勉強した分だけ点数が取れる仕組みになっています。その代わり、宿題はありません。「積み重ねテスト」の勉強をするかしないかは、生徒に委ねられています。

前年度の生徒総会で「定期テスト廃止」が議題にのぼり、全会一致で採択されたことをうけ、桜丘中学校では2019年4月から、中間考査や期末考査といった「定期テスト」が廃止となりました。生徒との約束を守ったのです。代わりに導入されたのが、10点満点の小テスト「積み重ねテスト」です。

授業前の8時25分から45分までの20分間は、「学習の時間」。週3日程度、小テスト（1日1単元）を実施します。１００点満点の定期テストの代わりに、各教科10点×10回もしくは20点×5回のテストで到達した学力が測られます。

「楽勝、楽勝」

「あちゃー、できなかった」

「再テストで勝負だ！」

テストが終わると、あちこちで声があがります。

後日放課後に受けられる、敗者復活の「チャレンジ・テスト」も用意されているので、それほど落ち込んだ顔をした生徒は見当たりません。ちなみに、通知表の成績には、良いほうの点数が反映される仕組みになっています。

整然と並んでいない机

朝学活での連絡事項が済むと、8時55分から1限目が始まります。

3年生の教室を覗いてみると、高校や大学を思わせる教室の雰囲気です。

「時間ですから、始めましょう」

教壇から教員が声をかけます。

教員は声を荒らげません。生徒たちが自主的に席に着くのを待ちます。

日直の声がけに、バラバラと反応する生徒たち。中にはまだ、鼻歌を歌っている子も。

「起立、礼、着席」

しかしさすが3年生。授業が始まると私語がピタリと止みました。集中の度合いはさまざまですが、授業中に騒ぐような子はいません。まだ眠たそうにしている生徒もいますが、ここ桜丘中学校では、授業中に寝ていても起こされません。少しの睡眠で、頭がはっきりすることがわかっているからです。

桜丘中学校の全学年に共通する「教室」の特徴は、教室の前方、教員が授業で使用する黒板の周囲に掲示物がないことです。授業中に必要のない掲示物で気が散ることがないように配慮しているのです。必要な掲示や連絡事項は、後ろの壁や黒板に集中しています。

もうひとつの特徴は机です。

机の脚や椅子の脚には、中古のテニスボールがはめられています。音に過敏な生徒に対する配慮です。これらは学びのユニバーサルデザインの環境の一環として導入したものです（詳しくは91ページ参照）。でも、「桜丘中らしさ」はこれではありません。実は机が整然と並んでいないのです。どこかバラバラ。まるで子どもたちひとりひとりの個性が、そのまま机の配置に表れているようです。

では中学生になってまだ半年足らずの1年生はどうでしょうか。

教室全体の声のボリュームは、３年生の３倍です。

教員にクルッと背を向けて後ろの子としゃべっている子もちらほら。ノートをちぎって折り紙を折っている子もいれば、別の教科の問題集を解いている子もいます。かと思えば、「うるさいぞ！」と突然、大声を上げる子。

1年生のクラスを目にした人の中には、あまりの騒がしさに、「学級崩壊じゃないか」と思う人もいるかもしれません。

でも毎年、桜丘中学校の1年生の教室では、これが普通です。

教員は、大きな声を出したり、威圧的態度はとりません。

桜丘中学校の1年の教員たちは、ゆっくりと子どもたちの成長を見守ります。ここで、頭ごなしに叱ってしまうと、表面上は大人しくなりますが、心を閉じてしまい、信頼関係を築けなくなるのです。しかしゆっくり長い目で愛情をかけていると、2年、3年と学年が上がるたびに落ち着いていく。そのことを教員たちはわかっています。子どもたち自身が生まれながらに持っている「よく生きよう」というプログラムが発動するのを待っています。

毎日1回、全校のクラスを回ることは、私の日課です。何人かの生徒が、私に気づいて手を振ってきます。気になる子には、授業中であっても声をかけて、様子を探ります。最近は会議への出席や打ち合わせでなかなか回れないことも増えましたが、最低1回は回るように努力しています。

いつ登校してもかまわない

桜丘中学校の校舎の1階には、職員室と校長室が並んでいますが、ここの前の廊下には半円型のテーブルがいくつも並べられており、いちばん端にはハンモックもあります。

この廊下のスペースは、桜丘中学校の大きな特徴です。ここは誰でも使っていいスペースなのですが、授業に参加していない子どもたちがいて、パソコンを見たり、本を読んだり、めいめいに過ごしています。

この子たちは、いろいろな意味で本来の学校生活に順応することが難しい子たちです。小学校時代ずっと不登校で、ようやくこの学校で、廊下のこのスペースなら来られるようになった、という子もいます。

登校時間は自由です。この子たちに限らず、この学校では遅刻で注意されることはありません。学校に何時に来てもいいのです。生徒たちにとって、まず学校に来ること自体が大切だと考えているからです。

「先生、ちょっと聞いてくれますか？」

２年生の女子生徒が校長室に飛び込んできました。

新しい学期が始まると、校長室に相談にやってくる子も増加します。休み明けの学校というプレッシャーもあるのでしょう。

この日相談に来た子の悩みは、自分が学校を休んでいる間に席替えが行われ、しかも苦手な子と同じ班になってしまったというものでした。担任に訴えたものの、「くじ引きで決めたから」と言われて取り合ってもらえず、ショックを受けていました。

じっくりとこの子の言い分を聞きます。

この問題を担任と話し合って席の対応をしてもらうようにすることを約束し、相談は終わりました。しばらくこの子の様子をみていく必要があるでしょう。

教室に入りづらい子の多くは、「クラスの中の苦手な子」の存在をあげますが、実はそれが本当の原因でない場合も多くあります。しかもその子自身、どうして自分が教室に入れないのか、自分でもその理由がわからないことも少なくありません。

実際、過去には、机が整然と並んでいたことに拒否反応を起こしてしまい、教室に入れなくなった子がいました。その子自身はその理由を自覚していませんでしたが、話を聞いているうちに、どうやらそれが原因ではないかと、察しがついたのです。「たくさん人がいて教室が窮屈で息苦しいんです」と言ってきた子もいました。

いろいろ教室に入れない理由を言うのは、親や教員を納得させるための方便であることが多いのです。「なんだかわからないけど、教室に入れない」では、親に納得してもらえません。本人も、何が原因で教室に入れないのか、その本当の理由を認識できていないわけですから、こうした場合は、寄り添いながら解決を待つしかありません。

今度は突然、廊下で叫び声があがりました。

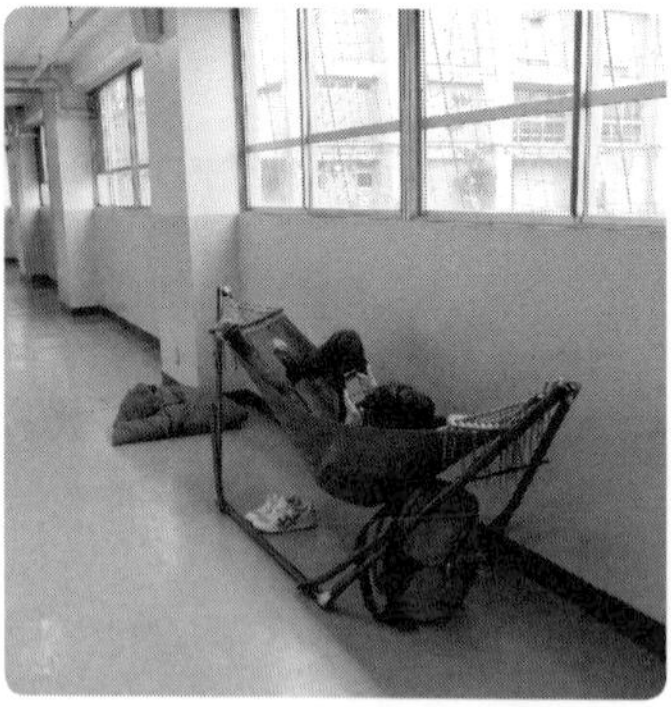

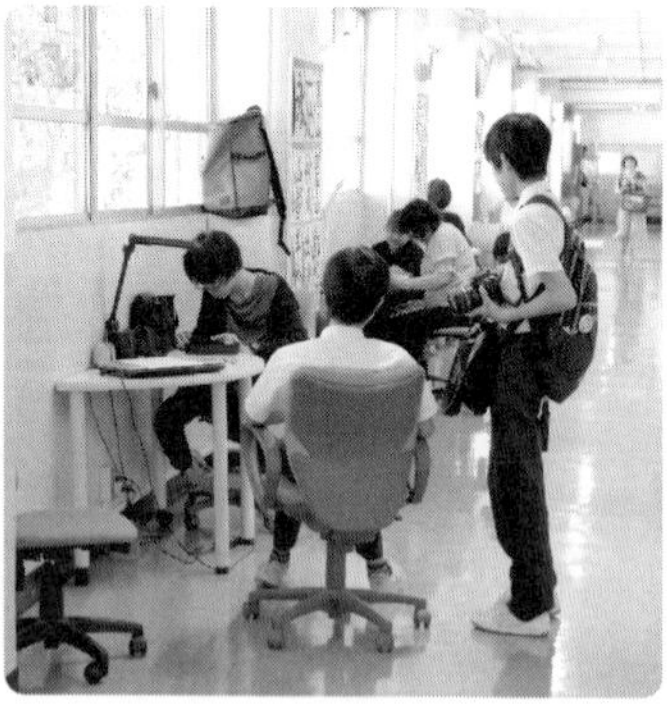

校長室前の廊下では、数人の生徒が教室ではなくここで自習をしたり談笑したりハンモックで揺られたりと、思い思いの時間を過ごします。

自分の中で「自分の失敗」を受け入れられない子が、イライラを爆発させています。持っていたバッグを力一杯投げつけます。掲示板に当たり、掲示物が四方に飛び散りました。私を含め、職員室にいた教員たちは、皆それを遠くから見守っています。すぐに止めにかかる教員はいません。この子が、自分の中の怒りと闘っていることを知っているからです。以前は、物ではなく友だちや教員にも暴力を振るっていた子です。人ではなく物に当たるのは、彼の中ではひとつの成長といえます。

つかず離れず、ひとりの教員がサポートに入ります。

教員を後ろに従え、廊下の奥までどしどし歩いて行ったのですが、しばらくすると戻ってきました。無言で散らばっている掲示物を拾い集めると、貼り直し始めました。

「えらいね。自分で片付けられて」

見ていた教員から自然と声があがりました。

校長室は生徒のたまり場

校長室には応接スペースがあるのですが、このソファに集まってくる子たちも多くいます。授業中の校長室は、クラスには入れない子たちのたまり場です。

集まってくる子の理由はそれぞれです。共通しているのは、生きづらさを抱えていると

校長室のドアは開けっ放し。悩み相談に来る
生徒もいれば、ただおしゃべりに来る生徒も。

いうこと。その原因を自覚している子もいれば、よくわからない子もいます。不思議なことに、コミュニケーションが苦手な子同士でも、廊下や校長室だと、あまり構えることなくお互いに話せるようです。

今日の校長室は、1年、2年、3年から男子生徒がひとりずつ。

みんなの会話の中に、1年男子生徒が突拍子もない下品なネタで割り込んできました。

「そんなことばかり言うから、嫌われるんだよ」と私。

「そんなことないよ、おれは嫌われてないもん」と、目をそらして否定する男子生徒。

嫌われるのも、実は関係性のひとつです。相手から無関心というのがいちばんつらいのです。この子は下品な発言をすることで、他人の関心を引こうとしているのがわかります。彼なりの関係づくりといえるでしょう。

「このままなら、ひとりぼっちで孤独死するな」

私が冗談で刺激します。

「えへへ」と笑う彼。

人の嫌がることを言っている子にも原因や理由があるのでしょう。

一方で、「この学校は、何をしても自由なのがいい」と彼はいつも言っています。彼にとっていまは、していいこととしてはいけないことを学んでいる真っ最中なのでしょう。


廊下ではマンツーマンの授業も行われています。

授業に出られない子どもたちのために、空いている教員が勉強を教えているのです。

中には憲法に興味を持つ生徒もいます。

「内閣が改憲したい、といっている以上、自分たちも憲法をきちんと知っておかないとだめだと思うんです」

教室には入れない子のひとりですが、彼はしっかりと自分の考えを持っています。

こっちの机では、英語の教員による英語の特訓です。

「今日はがんばったね。これで1年の教科書は終わりです。これならいつでも、2年の授業に戻れるよ」

「でも、教室に私のことを嫌ってる子がいるから……」

「そんなもんだよ。先生のことだって、いま頃、生徒の誰かが〝臭い〟とか〝ダサい〟って言ってるかもしれない」

この子はまだ教室への復帰に時間がかかりそうですが、勉強の意欲を持ち始めたことが、きっと次のステップへと進む足がかりになるでしょう。

スマホの充電器コーナーという仕掛け

昼休みには、女子生徒の小集団が校長室にやってきました。

お目当ては充電器です。

この中学校では、勉強に使うための携帯電話やスマートフォン（スマホ）、タブレット端末などの校内への持ち込みや使用が自由です。フリーＷｉ－Ｆｉ《ワイファイ》も設置してあり、使いやすい環境が整っています。さらに校長室には、さまざまな携帯やスマホに対応する充電器が揃っており、もしもの時は充電が可能です。生徒たちは校長室で充電を待っている間、好き勝手なことを私にしゃべって帰って行きます。

私にとっての教育の第一歩は、「目の前の生徒を観察すること」です。観察していくと、それぞれの子の特性がわかってきます。充電器があることで、日頃、校長室に来ないような子たちも訪れるので、恰好の観察の場になるのです。この時の何気ないひと言や、友だち同士の様子の中に、たくさんの情報が含まれています。

困っているこの子のために何ができるか。

そうやって考えていくと、突然、アイデアが閃《ひらめ》くこともあります。自然科学の多くは、観察によって法則を発見しましたが、それと同じです。アイデアの源泉はすべて、目の前の子ども。子どもから発想をもらうのです。

目の前のこの子は、どういう子だろう？

どういうことを考えているのだろう？

何をしたいのか、何がつらいのか、何に悩んでいるのか。そうやって観察をひたすら続けていると、「こうしたらどうだろう？」というアイデアが生まれます。校則廃止も服装の自由化も、こうした観察が基本にあります。

充電を待っている子たちと話が弾みます。

私は集団の中心にいる子をちょっとからかってみます。

「○○子は自分自身のこと、かわいいって思ってるの？」

「え？　そうじゃない人っているの？　自分のこと、好きになってナンボじゃない？」

この答えには拍手です。この子は自分のことを肯定することができています。自己肯定感が高い生徒です。

考えてみれば、小学校に上がる前の頃は、誰でも自分のことがいちばんだと思って、みんな過ごしてきたはずです。世界の中心は自分。誰かと比べて、自分を卑下することなんてありません。

いったいいつから、自信をなくしてしまうのでしょうか。

この学校の目標は、生徒が「自分」を取り戻すことです。喜びに満ちた「素」の自分に戻ることです。思いのまま自分を表現できることが、その子にとっていちばん輝ける瞬間なのです。それを促してあげることが、私たちの仕事です。

茶髪の独立宣言

ある女子生徒の話です。彼女はクラスでとても人気のある、友だちも多い女子生徒だったのですが、そういう自分を維持するために、いつも人の目を気にしていました。気がのらない時でも誘われたら断れず、そのことに疲れ切っていました。多くの友人と公平・公正に接していないと、逆に、「なぜあの子とばかり仲良くしているの」と責め立てられるのです。表面上はみんなにいい顔をしながらも、陰では苦しんでいました。

「これじゃ、自分じゃなくなっちゃう」

一年生の時はよく、校長室に来ては泣いていました。

ところが二年生になる新学期、彼女が突然、黒髪を茶色に染めてきました。

真面目で優等生だった子が、突然茶髪にしてきたのですから、クラス中、大騒ぎです。あまりの変わりように、それまで仲の良かった周囲の友だちは、驚いて一歩引いたようでした。

これ以降、友だちとの関係性が変わりました。

この子は、茶髪にすることで、他人と適切な距離が取れたのです。そしてそのことで、彼女は自分を取り戻したのでした。自らの意志での決別です。それまでの友だちとの上辺だけのベタベタした関係から独立できた。髪を染めたのはある意味、彼女なりの〝独立宣言〟だったのでしょう。その後、必要があって黒髪に戻しましたが、凛とした強さを持てるようになりました。

この生徒はその後、校長室に来ることはありませんでした。少し寂しいようにも感じましたが、この子に限らず、必要がなくなった生徒はもう校長室には来ません。逆に、校長室に頻繁に来る生徒というのは、「気づいてほしい」というサインを出しています。

仲良しごっこを続けているよりも、一時的にもめたとしても、本音を言い合ってそれを乗り越えたほうが、さらに深い関係が築けると、私は考えています。

裏を返せば、喧嘩や言い合いをせず、ずっと仲良しでいるのは、大半が表面だけの付き合いです。いったん破綻したあとに関係の修復ができれば、もっと仲良くなれるケースが多いといえます。本当に好きな人、自分が仲良くしたい人であれば、何としてでも修復したいと思うものですし、喧嘩で相手の本音を知れば、相手をより深く理解できます。

本気の衝突や喧嘩を経て成長した子どもは、強いですよ。

なぜなら、「人間は必ずしも言葉と感情が一致する時ばかりではない」と身をもって理解できるようになるからです。

たとえば、「バカ」と罵倒してきた同級生が、「実はかまってほしいことを素直に伝えられないだけではないか」などと、言葉の背景にある感情を察せられるようになります。結果、最終的に無駄ないさかいは減っていきます。

好きな教員と話せる「ゆうゆうタイム」

いつもは、50分授業なのですが、この日は45分の短縮授業です。放課後に「ゆうゆうタイム」が控えているからです。

「ゆうゆうタイム」というのは、子どもたちが話をしたい教員やカウンセラー、職員とゆっくりと2人だけで話ができる、という時間です。年に2回、放課後に時間を設定して、事前に申し込んだ教員と教室で話をします。

「ゆうゆうタイム」にはいろいろメリットがあるのですが、ひとつは生徒と教員がお互いによく知り合うことで信頼を築けるということです。思いの丈を大好きな教員にぶつけたあとの清々しい生徒の表情は何ものにも変えられません。

「先生にたくさん甘えて、なんでも相談できる」という環境をつくっているのも、桜丘中学校の方針です。たとえば「授業がつまらない」「嫌いな先生がいる」と言ってもOKです。特に、中学校に入ったばかりの1年生にとって、「ゆうゆうタイム」は本当の「桜丘中の子」になる大きなチャンスです。

子どもたちがいちばん多く関わるのは、クラスの担任と部活の顧問です。しかし、その2人とどうもうまくいかないという場合もあります。大好きな教員となら本音を話せるのなら、ぜひそうしてほしい。

担任と関係が悪くなかったにしても、一対一で話す機会はそうそうありません。「ゆうゆうタイム」であえて担任を指名して、そこで日頃、話せなかったことを話すという生徒もいるようです。「ゆうゆうタイム」で、「先生に自分の悩みを相談する」という経験を積むことで、命に関わるようなもしもの場合にも相談に行きやすくなる、という狙いもあります。

もうひとつの目的は、いじめ対策です。

短い時間ですが、「ゆうゆうタイム」で一対一の濃密な時間を過ごすと、いろいろなことがわかります。勉強の悩み、部活の悩み、友人との悩み、恋の悩み……。それに最近のさまざまな出来事。こうしたことをじっくり話していると、その子の置かれている状況が見えてくるのです。

いじめの兆候や、虐待の有無、家庭環境や生育歴などもわかります。

基本的に、「ゆうゆうタイム」での会話はオフレコです。個人的な秘密は守られます。ただし、ここでいじめや虐待などの重大な問題が発覚した場合は、すぐに教員間で情報を共有し、対策をとります。それからも話を聞いた教員は、「気になる子」としてずっと気に留めてくれて、ことあるごとに声をかけたりするようになるので、これもプラスに働きます。

「ゆうゆうタイム」があることで、桜丘中学校ではいじめや虐待の早期発見が図られています。

子どもは大人の本質を見抜いている

では、２年の担任の宮田孝良先生の「ゆうゆうタイム」を覗いてみましょう。

「宮っち（宮田先生）を指名した理由？　なんかいちばん友だち感覚で話せるっていうか。うちらのこと、一生懸命考えてくれるっていうか」（２年男子）

実際の様子は、「個人面談」というより、「友だち同士の会話」です。

「夏休みどうだった？」

「最近、彼女できたみたいじゃん」

「塾、毎日通ってるんだって？　大丈夫？」

「部活の合宿、大変だったらしいね。いちばん腹立ったエピソード、教えてよ」

「友だちの○○も大変みたいだけど、きみからみてどう？」

「つらくなったら、いつでもいいから教えてよ」

これらは宮田先生の発言です。

生徒に応じて、切り出し方や話題を変えながら、その子がいま、何に関心を持っているのか。何に困っているのか。そういう本音を話しやすい雰囲気をつくっていきます。

「ゆうゆうタイム」でその子の悩みのすべてが解決するわけではありませんが、言葉を吐き出した子どもたちは、一様にスッキリした表情で教室をあとにします。

「ゆうゆうタイム」は、好きな教員を指名できると言いましたが、裏を返せば、「指名されない教員」もいる、ということです。

多い教員は、40人以上から指名されて、10日間放課後ひっきりなしに生徒と話をしているのですが、指名ゼロの先生はやることがありません。

ほかの教員が面談で忙しくしている間、職員室でポーカーフェイスを装っていますが、内心さみしいのに違いありません。

観察していると、やはり上から押しつけるような威圧的な教員には生徒は集まりません。ならば、調子良く、上辺だけ取り繕って生徒に媚びればいいか、といえば、それも違います。

子どもたちは、私たちが考えている以上に、人を見抜きます。生徒の人気取りをしていると直感で感じ取り、

年に一度、生徒が教員を指名して行われるゆうゆうタイム。
進路や部活についてはもちろん、恋バナが飛び出すことも。

「あの先生は、信頼できない！」

と手厳しく批判します。

要は「人として信用できるかどうか」。

子どもたちのためあえて苦言をきちんと言うほうが、「あの先生はブレない」と人気があったりします。

学校は教員が学ぶ場

では、「ゆうゆうタイム」で生徒から総スカンを食らった教員はどうなるのでしょうか。これが見事に変わるのです。「これではいけない」と思うのでしょう。そもそも、子どもが好きでこの仕事を選んだ人がほとんどなのです。それなのに子どもたちから避けられる。自分に問題があると考えざるを得ません。

ではどうするか。

私は「本当の自分を出しなさい」とアドバイスしています。これまでは、「教員とはこうあるべきだ」と考え、構えていたんでしょうね。取り繕うから、人によって態度も違って見えてしまう。

私たちは、教員である前に、ひとりの大人です。大人である前にひとりの人間です。子どもたちの前で教員として振る舞うのではなく、本来自分が生きてきた「素」の自分でいるのです。いいところも悪いところも包み隠さず、ひとりの人間として、子どもに対峙すればいいのです。

取り繕わない素の自分で、思い切ってぶつかっていくと、子どもは寄ってきます。子どもたちは、教員としてではなくて、人間としての自分に魅力を感じるのです。教員と生徒という関係性はこれで一旦まっさらになり、対等な関係をつくることができます。

こうした試行錯誤を経ると、それまで笑顔も乏しく硬い表情だった教員が、不思議と顔つきまで変わります。穏やかになるのです。

生徒と同じですね。「自分のままでいいんだ」と気づくことで楽になる。だってこれまでは、「教員とはこうあるべきだ」と自分を捻じ曲げて無理をしていたわけですから。

「ゆうゆうタイム」は、教員の人としての成長を促す場でもあるのです。生徒に「教える」のではなく、生徒から「教わる」のです。学校は、教員自身にとっても、「学びの場」なのです。

人生経験は私たち教員のほうが長いですが、だからといって生徒が教員に劣っているわけではありません。人間的に私よりはるかに上だなと思う生徒に、私はたくさん出会ってきました。特に腹を割って本音で話せる「ゆうゆうタイム」では、生徒からのひと言に、気づかされることが多いのです。

そういえば先日、ある3年生の女子生徒から指摘を受けました。

「校長先生って、最近、朝いつも機嫌悪いでしょ？」

相当な寝不足で、内心、結構つらかったのでした。完全に見透かされていますね。

545人の子どもたち

生徒たちは、本当に学校生活を楽しんでくれているだろうか。

何かに困っていないだろうか。

生徒の様子を観察したり、会話をしたりしながら、常にそのことを気にかけています。

みんなどう？

「学校で先生やみんなと話すのは楽しい。家にいても疲れるだけだし」（3年男子）

「良くも悪くも小学校みたいで、気を遣わなくていいかな。服装も小学校の時と変わらないし。クラスはちょっとうるさいけど（笑）」（1年男子）

「小学校の時は職員室に入るのも緊張したけど、いまはどの先生とも気軽にしゃべれるのがいいところかな」（1年女子）

「先生も生徒も仲いいっていうか。距離が近いっていうか」（2年男子）
「小学校の時は周りの子が受験する子ばっかりで、〝ぼっち〟だったんだよね。いまはそうじゃないから」（1年女子）
「先生が悩みを真剣に聞いてくれて、すぐ行動に移してくれたの！」（1年女子）
「何か提案すると、〝そんなのダメだ〟と否定するんじゃなくて、〝いいね〟と言ってくれるのがうれしい」（3年女子）
「この学校はユニークな人ほど輝ける学校です！」（2年女子）
「学校でいちばん楽しいこと？　全部楽しいから、いちばんなんて決められない！」（2年女子）

この子はどうかな？

幼稚園、小学校と、誰もが羨む超名門私立女子校に通っていた子です。仮にAさんとします。Aさんはエスカレーター式に中学校、高校と進学できるのですが、それを急遽取りやめて桜丘中学校にやってきました。

「小学校では、ずっと見張られてる感じなんです。たとえば登下校は一列に並ばなくちゃいけなくて、私語も禁止。ところどころに先生や保護者が立っていて、チェックしてるんです。学校に着くと、朝は筆箱チェック。指定の筆箱が決まっていて、鉛筆はＢか２Ｂ。長さも決まっていて、短すぎると先生に叱られます。シャープペンシルは禁止で、持っているることがバレると、先生から泣くまで叱られた上に、〝あの子、シャーペン持ってきたらしいよ〟と学校中から後ろ指を指されます。一度、教室にキャンディーの包み紙が落ちてたことがあるんですが、もうたいへん！　学校中の騒ぎになりました。

なんで桜丘中に来たか？　学校に行くの、ずっとつらかったんですよね。〝学校なんて休校になればいい〟っていつも呪文を唱えていました。笑顔になるのも、一週間に一度あるかどうか。このままエスカレーター式に上に行っても、地獄だなって。そんな時にこの中学校のことを知って、ここならって……」

「両親に反対されたでしょ？」

「毎日、家族会議でした。でも最後は、〝あなたに任せる〟って言ってくれて。いま？　反対していたお母さんからも〝最近、顔が明るくなったね〟って言われます」

この同じ私立女子校の子もひとり、最近転校してきました。

「前の小学校でいじめられていた時期があって、多分、お母さんがずっと心配してくれてたんだと思います。お母さんが街で、Ａちゃんを偶然見かけたらしくて、そしたら〝ビックリするくらい明るくなってた〟って驚いていたんです。うちのお母さんとＡちゃんのお母さんが仲良しで、それで、桜丘中のことをいろいろと聞いたみたい。〝あなたも転校していいのよ〟ってお母さんが言ってくれて、いろいろ考えて移りました」

「いまはどう？」

「あたしもAちゃんと同じで、いろんな人から〝前より明るくなったね〟って言われるんです。前より伸び伸びしてるかも」


この学校に通っている理由は人それぞれです。

単純に、学区だったからという子が大半ですが、中にはわざわざ引っ越したり、越境したりしてくる生徒もいます。通っていた学校でうまくいかず、転校してくる生徒もいます。発達に特性のある子もいれば、不登校だった子もいます。

桜丘中学校の５４５人の子どもたちが、幸せな3年間を送ることができたら——それが私の唯一の願いであり、そうすることが私にとっての唯一のルールです。

第2章

「ない」中学校に、こうしてなった

桜丘中学校の際立った特徴を書き出してみましょう。

①校則がない。
②授業開始と終了のチャイムがない。
③中間や期末などの定期テストがない。
④宿題がない。
⑤服装・髪形の自由。
⑥スマホ・タブレットの持ち込み自由。
⑦登校時間の自由。
⑧授業中に廊下で学習する自由。
⑨授業中に寝る自由。
⑩授業を「つまらない」と批判する自由。

こんなふうにトピックだけを羅列すると、「なんだ、これは！」と眉をひそめる人がいるかもしれませんね。

実際、朝日新聞に桜丘中学校を紹介する記事（２０１８年12月「いま子どもたちは――

桜丘中の挑戦」全４回）や『女性セブン』（２０１９年３月14日号）に特集記事が掲載された際は、学校に批判的なご意見の電話が随分かかってきました。もちろん、対応は校長の私です。

「校則がないなんて、けしからん。社会に出たあと、どうするんだ！」

「登校時間が自由とはどういうことだ！」

というわけです。

誤解してほしくないのは、いま桜丘中学校で実践しているさまざまなことは、〝最初に結論ありきではない〟ということです。

たとえば校則の廃止。

「校則なんてきゅうくつだ。だから全廃しよう」という教育論を金科玉条のように掲げて校則を廃止したのではなく、「子どもたちにとって、幸せな３年間を送るためにはどうしたらいいか」ということを考え、議論に議論を重ねていったその結果、そうなったということです。

ではどうして校則をなくしたのか。

このあたりから順を追って振り返ってみます。

怒声の飛ぶ朝礼

話は、私が赴任した頃にさかのぼります。

私が校長として世田谷区立桜丘中学校に赴任した2010年当時、桜丘中学校はどこにでもあるごく普通の中学校でした。ただ、あまり、いい評判は聞きませんでした。

たとえば、問題行動がある生徒も結構いて、その子たちの対応に苦労していたり。部活の顧問をやってくれる教員が少なく、地域の方がコーチをしてくれていたり、いまもある文化祭「さくらフェスティバル」も保護者が中心で運営され、あまり教員は関わらない。どこか「暗いなー」と思わせる学校でした。

また、世田谷区特有の事情もありました。

近隣に私立中学校が多く、通いやすい条件が整っていることもあって、世田谷区は私立中学校を受験する小学生が多い地域です。2017年度の私立中学校進学率が、都内全体では18・0%なのに対し、世田谷では実に33・1%にのぼります（東京都教育委員会「平成30年度公立学校統計調査報告書【公立学校卒業者（平成29年度）の進路状況調査編】」）。特にこの学区域では小学生のおよそ半分が、私立中学校に進むのです。当然、その子たちは塾に通い、受験に備えます。

そうした子どもたちにとっては、塾の勉強がすべてです。学校の授業は、塾ですでに教わったことの繰り返しになりますから、面白いはずがありません。当然、授業を聞かない子どもたちも増えます。つまり、授業放棄ですね。また子どもたちは受験のストレスにもさらされています。イライラをほかの子どもたちにぶつけるということも多々あります。

さらに子どもたちのストレスは、中学受験だけが原因というわけではありません。これは世田谷に限ったことではありませんが、「みんなと同じにしていなければならない」という指導が行きすぎて、みんなと一緒にできない子はダメな子だと決めつけてしまいがちです。

結果、そのような子をみんなでいじめるということも起こります。やはり、小学校でも管理が行きすぎて、子どもたちのストレスが大きくなり、「学級崩壊」といっても言い過ぎではない状況が起きていたのです。

そうした子どもたちが中学校にあがってくると、どうなるでしょう。イライラを引きずったまま、中学校でも小学校の時と同じような振る舞いを続けます。

桜丘中学校は、世田谷区の〝典型的な〟、そして学校関係者の中でいわゆる〝元気な中学校〟といわれる学校でした。

引き継ぎの時に前任者から言われました。

「大変だろうけど、あとは自由にやりなさい」

その意味はすぐにわかりました。

当時の朝礼は、ひとつの象徴でしょう。

冗談じゃなく、大きな声が飛び交い続けていました。

「黙れー！」

「そこ！　早く並べ!!」

「おい、後ろを向くな！」

さあこれから、朝礼台の上に立って私が話をしようとすると、ほかの教員たちは血相を変えて生徒たちを怒鳴るのです。

桜丘中学校に限らず、普通の中学校では、教員は生徒を力で押さえつけようとします。そうでないと、秩序が保てないからです。まるで、軍隊のようでした。

挨拶が始まっても、教員の大きな声は止みません。学校に反発して、朝礼にわざと遅れてくる生徒もいます。

「遅刻した生徒は後ろに並べ！」

教員もヒートアップします。教員と生徒は一触即発状態。そういう危機的な状況でした。

子どもは管理するものか

これはまずいぞ。

赴任した年の修学旅行での出来事です。

「並べー!!」

京都駅の構内、旅行者でごった返す中で教員の大きな声が響き渡っています。客観的にみれば、列を乱している生徒たちよりも、怒鳴っている教員たちのほうが、よっぽど周囲の迷惑になっています。正直、恥ずかしかった。生徒を怒鳴り散らすことが、当たり前になってしまっていたのです。

怒鳴った経験がある人はわかると思いますが、怒鳴って気持ちのいいことはありません。怒鳴られている生徒も気分が悪い。つまり、どちらにとってもマイナスです。公衆の面前で怒鳴れば、周囲も嫌な気持ちになります。誰も得をしていません。

では、怒鳴らないようにするためにはどうしたらいいか。

まず朝礼を見直すことにしました。

「生徒がざわついていてもかまわないから」

と教員たちに言いました。生徒が騒ぐとしたら、朝礼台の上から私が発している話が、つまらないからです。面白い話だったら、きっと耳を傾けるはずです。

「もし生徒がうるさくしていても、それは私の話がつまらないせい。だから生徒を怒鳴ることをやめましょう」

私自身も生徒が思わず聞き入るようなとっておきの面白い話を準備しました。

「朝礼できちんとさせること」が学校生活でいちばん大事なことではありません。いつの間にか、学校全体で大事なことを見失っていたのです。

ではいちばん大事なこととは？

それはただひとつ。

子どもたちが、幸せな3年間を送ること。それだけです。

とはいえ、染みついてしまったものは、なかなか変えられません。

「子どもは管理するものであり、教員が指示を出すもの」

こういう固定観念が教員の中にあるのです。

実際、教員たち自身の多くも、そういう教育を受けてきました。悪しき学校文化です。

言うことを守らせることが自分の役目だと思い込んでいる教員にとって、「大きな声を出すな」と言われることは、理不尽でした。彼らは「きちんとさせたい」と思っているのです。使命感から怒鳴っていました。私が言っていることは、「きちんとさせなくていい＝教員として振る舞わなくていい」と聞こえたはずです。

しかしこのままでは学校の空気はよどんだままです。「上から目線で生徒を威圧するのはやめましょう」と教員に言い続けました。

このことで、学校の雰囲気が一夜で変わったわけではありませんが、徐々に怒鳴り声は減っていきました。いまではまったくといっていいほど聞かれません。

教員は「素」で勝負すればいい

校長は、次年度の校内の人事構想に従って教職員の異動に関して教育委員会へ要望を出すことができます。現在はそれを利用して、積極的に新規採用の教員の配置をお願いしています。新卒でここに赴任すれば、桜丘中学校が初めての学校ですから、ここでのやり方が当たり前になるからです。

また、新規採用の若い教員が多いと、教員同士で、「あの先生には負けたくない」とライバル心を燃やし、私が何も言わなくても切磋琢磨するので成長も早いのです。

新規採用教員以外にも、ほかの中学校から異動してやってくる教員もいます。前任校は桜丘中学校のように自由な雰囲気を持った学校であることもあるし、厳しい校則があり、部活動が生活指導のためにあるような学校からくる教員もいます。

最近の例なのですが、その厳しい校則のある学校から赴任してきた体育の教員がいました。非常に指導の厳しい学校に8年間在籍していましたが、休日も休まず部活に熱心に取り組んでいる教員でした。でも熱心さを誤解しているところがありました。熱心になるあまり、生徒に対し、上から怒鳴るように命令するのです。

「○○しなさい！」

私はそのたび、この教員に注意しました。

教員の子どもに対する口の利き方は、指導なんていう生易しいものではありません。まるで看守が囚人に対するような口調でした。そこには生徒に対するリスペクトがかけらもありません。

「別にあなたが子どもより偉いわけじゃない。むしろ、あなたより偉い子はたくさんいるよ。いろんな家庭環境でがんばっている子もたくさんいる。そのことを考えなさい」

教員だから偉い。年上だから偉い。そんなことはあり得ないのです。子どもも大人も人として平等であるとともに、人権は守られなければなりません。あくまでひとりの対等な人間として、生徒と向き合う必要があります。先にも述べたように自分の人としての「素」で勝負する、ということです。そうするためには、「教員である自分はこうであらねばならない」という鎧を脱ぎ捨てる必要があります。

実際、「素」のほうが自分自身も楽なはずです。重たい鎧を着る必要がないのですから。

子どもたちも、「素」の教員と接することで、自分というものを素直に出して人と交流する、ということを学んでいきます。

私はこの教員がそうできるまで、何度も何度も声をかけ、注意し、時には励まし続けました。ほぼ1年間、その繰り返しだったかもしれません。

最近は「去年のいま頃は、目がこんなに釣り上がっていたよね」と笑い話にできるようになりました。この教員自身も「本当に、そうですよね」と笑って返せる余裕があります。

実際、桜丘中学校に来た当初は、とても厳しい顔をしていたのです。いまは笑顔が素敵で100倍魅力的です。これが、この教員の「素」の姿だったのでしょう。まあ、本来の自分に戻ったということです。

「体育の教員ということもあって、〝厳しく指導しなければいけない〟と思い込んでいました。前の学校のやり方がすり込まれていたのかもしれません。実際、生徒を見張っているような感じだったと思います。生徒が服をちょっと着崩していただけで叱り飛ばしたくなりましたし、茶髪を見つけるだけで腹が立っていました」

と教員。いまでは、子どもたちと笑いながら一緒に遊ぶようにまでなりました。本当に、いつも温和な素敵な表情をして、生徒たちからも慕われています。

教員だって、もちろん変わることができるのです。

ルールを取り除いたら？

朝礼の件は小さいことですが、ちょっとした成功体験でした。

いわば発想の転換です。

「朝礼は一糸乱れず整列して、校長のありがたいお話を大人しく聞かなければならない」

こういう暗黙のルールを、学校がつくってしまっていたのです。

すると、このルールを遵守すべく、教員たちが動き始める。「ルールを守ること」が絶対だからです。いずれ社会に出て行く子どもたちは、社会のルールを守らなければなりません。

同じように、学校のルールも守らせなければならない。これが、多くの日本の学校の理屈です。

だったらそのルールを取り除いてしまったら？

朝礼のルールを撤廃して、「子どもたちがうるさくするのは、校長の話がつまらないからだ」と責任を校長に転嫁してしまえば、教員は子どもを注意する必要がなくなります。少なくとも朝礼中に怒鳴らなくていい。

何も、「朝礼で騒いでいい」と言っているわけではありません。子どもたちに「なぜ騒いじゃいけないか」を考えてほしかったのです。

生徒たちは、小学校6年間で、教員から指示されることに慣れきっています。「指示を守る子」が「いい子」とされてきました。「先生の考えとは違った自分の考えを主張する子」は、集団の規律を乱す子と否定されてきたのです。でもそうでしょうか？

社会に出れば、「自分で考え、判断する」ことが求められます。指示を待っていても、人生は前に進んでいかないからです。私の尊敬するアップル創業者のスティーブ・ジョブズがその代表的な例ですが、むしろ「自分の考え＝アイデア」を持っている人間こそが、最後は社会からも評価を受けます。

だったら、自分で考えるクセを早くからつけるべきではないでしょうか。しかし、教員が指示を出し続けている限り、生徒は考えなくなります。自分で考える必要がない、むしろ自分の意見を言うと「生意気だ」と言われて損をするからです。

朝礼のルールをなくすことは、教員、生徒両方に、「何をすべきか」を自分で考えるきっかけを与えるものでした。

靴下の色はなぜ白か

そんな時に、教員が生徒指導をしている場面に遭遇しました。

ある女子生徒が紺色の靴下を履いてきていて、教員がそれを注意していたのです。

気になって校則を確認してみました。

《靴下の色は白とする》

たしかにそう書いてあります。

白い靴下が標準服のセットと考えれば、別段おかしな校則ではありません。ただ正直、白い靴下と制服の組み合わせは、パッとしませんでした。紺色の靴下を履きたくなる理由も、わからないではありません。

当時の生活指導主任に、どうして靴下の色は白に限定しているのかと尋ねました。これは私のクセで、疑問に思ったことには「なぜ?」「どうして?」と口に出して聞かずにはいられないのです。

「白の靴下は、汚れがすぐにわかるから清潔です」

生活指導主任からはこんな答えが返ってきました。

なるほど、たしかに看護師や医師の白衣には、そういった理由もあるのでしょう。でも、中学生が履く靴下はすぐに汚れます。逆に汚れが目立って洗濯するのが大変では? 一方で、紺色なら洗濯が楽です。実際、医療現場でも、紺やエンジ色など、白色ではない「白衣」が増えています。これは「汚れが目立たなくていい」という理由があるかもしれません。

服装に関して、桜丘中学校にはもうひとつ色指定がありました。

《セーターの色は紺とする》

先ほどの「靴下理論」を適用するならば、セーターも白でなければ理屈があいません。

早速、生活指導主任に質問しました。すると、

「紺色と決めているのは、あまり派手にならないようにするためです」

という答えが返ってきました。

「白いセーター」がダメな理由がこれではわかりません。白は派手な色ではありません。

なぜ紺の一色なのか、という明確な理由もまったく見当たりません。靴下＝白、セーター＝紺、という校則には、明らかな矛盾があります。

中には、黒のセーターを着てくる子がいました。

派手かどうかは主観的な物差しですが、「黒」を派手という人はそういないでしょう。

「あまり派手にならないようにするため」という生活指導主任の理屈が正しいなら、「黒でもOK」ということになります。

でも実際は違いました。

《セーターの色は紺とする》

という校則があるので、教員は、黒のセーターの生徒を注意せざるを得ないのです。

明らかな矛盾がある校則にもかかわらず、校則があることで、教員は生徒に注意しなければならない。これって何かおかしくないでしょうか？

実際、生徒から、

「なぜ黒じゃダメなんですか？」

と聞かれても、私たち教員には説明すべき理由がないのです。

「これが決まりだ！」

と頭ごなしに注意するしかありません。

そんな答えに、本当に納得なんてできるでしょうか。

中学生らしさとは

そのうちに、生徒たちのほうから、「グレーや黒のセーターを認めてほしい」という要望が出されました。

私に反対する理由はありません。「靴下理論」は破綻しているからです。そこでこの要望をのむことにしました。セーターの色が認められたことで、靴下も黒や紺ならいい、ということになりました。

すると今度は、黄色いセーターを着てきた子がいました。

生活指導主任はすかさず呼び出して注意を与えます。

「そのセーターの色は何だ！　派手な色はダメだ」

かたわらで指導を聞いていて、「派手」に引っかかりを覚えました。そもそも、なぜ「派手」ではいけないのでしょうか？

「何で派手じゃいけないの？」

聞いてみると、返ってきた答えがこれ。

「中学生らしくないからです」

私は理系だからなのか、「らしい」という曖昧な言葉遣いが好きではありません。「中学生らしさ」とはどういうことなのか。定義など存在しないし、できないと思ったのです。

派手とは何か。

中学生らしさとは何か。

尋ねてみましたが、生活指導主任から明確な答えは返ってきません。

そもそも、「地味な中学生」とは、「中学生らしい」のでしょうか。

この年代の子たちは、男の子も女の子も、他者の視線を意識し始める年齢です。かっこよくありたい、おしゃれをしたい、というのは、極めて普通の感覚です。

むしろ、「地味な中学生」のほうが、自分を抑圧しているんじゃないか。「派手な中学生」のほうが、自分を出そうとしているんじゃないか。そんなふうに捉えることもできます。ここから、見た目が派手な中学生のほうが「中学生らしい」という結論を導き出すこともできます。

つまり、「中学生らしくあれ」という指導と、「派手はいかん」という指導は、矛盾しているのです。

このように、「おかしい」と思ったら、私はすぐに質問します。

すると教員たちも考え始めます。考えると、靴下やセーターの校則に裏付けとなる理屈がないことに気づく。もはや校則を残しておく意味が見当たりません。たとえばセーターの色は、「紺」→「紺、黒、グレー」→「自由」と徐々に変わっていきました。

校則によって無気力な子に

ほかにも桜丘中学校にはかつて、こんな校則がありました。

《自分のクラス以外の教室に入ってはいけない》

《上級生は下級生の教室前の廊下を通ってはいけない》

生徒たちもそれまでは理不尽な校則に不満たらたらで、そりゃ学校が楽しくないよな、と思いました。どれもこれも「なぜ？」と問えば、理屈のないものばかりです。

「なぜ、ほかのクラスに入ってはいけないんですか？」

と問われても、教員の誰ひとり答えられません。

「校則で決まってるからだ！」

と説明にもならない返答をするのが関の山です。ということは、やはり校則のほうがおかしいのです。理屈の説明できない校則は、必要ありません。

こうやってひとつずつ、「どうしてこの校則があるんだろう？」と疑問をぶつけていくうちに、どんどん校則がなくなっていきました。


私は校則の存在そのものを否定しません。

たとえば、厳格な規律で知られるミッション系の私立中学校があります。こうした学校は規律＝校則そのものが、校風になっています。靴下やセーターも指定されたものしか許されないなど細かく決まっている場合が多いですが、そういう見た目もまた、その学校のカラーです。生徒たちも、その校風に憧れて門をくぐります。

でも公立中学校は事情が異なります。

公立中には、さまざまな生徒がやってきます。私立と違って、子どもたちの多くは選んできたわけではありません。たまたまその学区に住んでいただけです。

そういった多種多様な生徒たちに、理不尽な校則を強制するとどうなるでしょうか。無用なストレスを与え、情緒を不安定にしかねません。ストレスからいじめに走る子も出てくるでしょう。それだけではありません。過度なストレスは記憶力の低下を招くことが、いろいろな研究で明らかになっています。

さらに――これがいちばんの問題なのですが――子どもたちはやがて、論理的に考えることを放棄してしまいます。そして、矛盾がある不合理な規則であっても、単に思考を停止して耐え忍ぶようになっていきます。「先生の指示を守る」ことのほうが、無用なエネルギーも消費せず、周囲に波風を立てないからです。

虐待を受けた子どもたちの多くは、自分の持てる力のすべてを使って虐待環境に適応しようとします。自分を守るために、感情や思考、行動を抑制し、無反応になっていくのです。いわばすべてを諦めて無気力になってしまう。極端な言い方をすれば、理不尽な校則を押しつけ続けると、生徒たちの多くは、虐待児と同じように無気力な子どもになってしまいます。

桜丘中学校では、2016年に、全部の校則がなくなりました。生徒には、校則を判断基準にするのではなく、「自分でものを考える力」をつけてほしい――「子どもたちがいきいきと学校で過ごすには？」と考え、試行錯誤した結果でした。

校則はなくても法律はある

校則をなくして、急に増えたことがあります。いったい何だと思いますか？　それは「議論」です。

校則があった時は、生徒に注意するにしても、「校則にあるだろ！」と言えばすみました。でもなくなってしまったのだから、そうはいきません。教員は生徒に対して、「これこういう理由だから、こうしてください」と丁寧に伝える必要が出てきます。

生徒にしても、それを唯々諾々と聞いている必要はありません。疑問があったら反論すべきですし、「なぜそうなのですか」ととことん議論すればいい。

「校則という規範がないと、先生によって言うことが違ってくるんじゃないか」

こんなふうに言ってくる人がいます。

それでいい、と私は考えています。それこそまさに、「社会」ですよね？

社会では、人によって価値観や考え方が違うことは当たり前なのです。意見や考えは違って当たり前。ではどうするか。自分はどちらの意見が正しいと思うのか、自分で判断すればいいのです。

これまでの学校は、校則というマニュアルに依存することで、生徒や教員自身の判断力を失っていた。マニュアルに従えばいい、と思っているから、簡単に人に騙されたりもする。時の権力者が「これしかありません」と断言したら、そういうものかと無批判に信じてしまう。正しく生きるため、正しい社会にするためには、判断力を養うしかありません。これこそ未来を見通せない社会を生きていくための資質なのではないでしょうか。

実際、校則がないからといって、何でも許されるわけではありません。校則がなくとも、社会で暮らしている以上、法律はあるのです。

たとえば学校の窓ガラスを誤って割ってしまったとします。故意でないのであれば、一般的な学校ではお咎めなしです。反省文を書かせるのがせいぜいでしょう。

でも桜丘中学校では、そうはいきません。世の中に出れば故意であろうが、過失であろうが、器物を破損したことへの責任を負います。先日も教室の窓ガラスが割れてしまったのですが、割ってしまった生徒には原則弁償をしてもらうことにしています。

喧嘩もそうです。

法律に照らして言えば、もし相手を傷つけてしまったら、それは傷害事件です。けががなくても暴行罪に問われる可能性もあります。保護者が訴えられることもあります。生徒が教員に暴力を振るうことも、逆に教員による生徒への体罰があればすぐに警察に通報します。恐喝に近いモンスターペアレントに対しても、同じ対応をとるかもしれません。

同様に、勝手に人の物を取ったら窃盗罪です。

数年前、生徒の自宅の鍵が学校でなくなる、という事件がありました。全校隈なく探しましたが、見つかりません。もちろん、この時も警察の方に頼んで調査していただきました。鑑識が来て、指紋や証拠を集めて行きました。

中学校であっても、ここは「社会」なのです。たとえば置いてあるものを勝手に持っていったら、それは窃盗なのです。「ちょっとしたいたずらで……」という言い訳は通用しません。

傷害や窃盗、いじめなどの問題が起こった時、中学校の多くは、内々に処理しようとします。不祥事を公にしたくない気持ちもあるでしょうし、騒ぎが大きくなるのも嫌がります。公表したことで、校長の責任を問われることもあるでしょう。

でもこうした対応では、子どもたちは社会を知ることはできません。そしてもちろん、子どもたちの将来のためにもなりません。だから桜丘中学校では、社会にある法律が学校の中にもあり、決して治外法権ではないことを子どもたちに知ってもらいたいのです。

桜丘中学校の3つの心得

現在、桜丘中学校には、校則の代わりに「桜丘中学校の心得」という3か条があります。

「礼儀を大切にする」
「出会いを大切にする」
「自分を大切にする」

校則を全廃する直前、教員たちと何度も話し合いました。校則をまったくなくしてしまうことに不安を感じる教員もいました。指導の拠り所がなくなってしまうからです。かといって、校則を残す理由も見当たりません。

教員の中からも、こんな声がありました。

「自分自身、中学生の頃は、どうして校則があるんだろうと疑問を持っていました。茶髪がダメという校則があったとしたら、なぜダメなのか。先生方から指導される時には〝校則だから〟としか言われない。〝ルールを守ることを覚えないといけないから〟とはぐらかされて、なぜダメなのかの本質を教えてもらえなかった。それで、なんで校則はあるんだろうと昔から疑問を持っていました。私自身、校則の必要性を感じません」

話し合いを受け、生活指導主任——もっとも生徒に厳しく指導してきた教員が、3か条の原案を作ってきました。最終形は教員全員で検討し、ブラッシュアップしていますが、ほぼ提案の通りです。人一倍校則にこだわっていた生活指導主任が、いちばん素敵な仕事をしてくれました。

これ、なかなかいい「心得」だと思いませんか？

たとえば「礼儀を大切にする」。

もし「挨拶をしっかりする」としたらどうでしょう？　やはり校則の時と同じように、「なぜ挨拶をしないんだ！」と注意する教員が出てくるでしょう。生徒も「挨拶すればいいんでしょ」と挨拶自体が形骸化します。しかし「礼儀を大切にする」とあれば、「礼儀ってなんだろう？」と考えなければならなくなります。

たとえば、何人かの生徒は、私に〝ため口〟で話しかけてきます。これは礼儀知らずなのでしょうか？　単に親しみの表現であって、その子なりの礼儀をわきまえているのでしょうか。いちいち考えなければなりません。

実際、校則がなくなって、いちばん変わったのは私たち教員かもしれません。

それまで、校則があるばかりに、教員は生徒が校則違反をしていないかどうか、目を光らせていなければなりませんでした。校則を守らせるために、威圧的に締め付けることも行われました。生徒たちからすれば、「中学生らしく」といった曖昧で理不尽なルールで高圧的に締め付けられ続けるわけです。当然、反抗的な生徒も現れます。「こんな校則、破ってしまえ」となる。

するとと教員は、さらに強権的に指導しなければならなくなります。私が赴任した当時の、大声が飛び交う朝礼がその典型です。

結果として、注意を与える教員も、過度のストレスを抱え込むのです。ストレス過多の教員と生徒。どっちもストレスだらけ。これでは楽しい中学校は実現できません。

信頼関係と校則、どちらが大事か

桜丘中学校の話ではありませんが、こんな例があります。知り合いのスクールカウンセラーに伺った話です。

そのスクールカウンセラーは、行動に問題のある女子生徒を担当し、ゆっくりと信頼関係をつくっていました。とても時間がかかります。しかし信頼関係が築けなければ、その生徒の心の奥底を覗くことができません。

半年かけようやく、やっと本音で話せるようになって、さあこれから……という時に、突然カウンセラー室に担任が入ってきました。

「なんだ、そのスカートは！」

担任は、その女子生徒の少し短めなスカート丈を目にし、大声を出したのでした。おそらく、反射的に注意したのでしょう。

スクールカウンセラーと女子生徒の信頼関係はその場でリセットされてしまいました。スクールカウンセラーは担任側の人間だと女子生徒は捉えたのです。そして再び、心の扉を閉じてしまいました。


教員と生徒の信頼関係。

校則。

いったいどちらが大事なのでしょうか。

聞くまでもありません。

多くの公立中学校では、不要な校則を生徒に守らせるために、教員は膨大な時間を「生徒指導」に割いています。そしてこうした指導によって、教員と生徒の信頼関係が壊れています。悲しいけれど、これが現実です。いったい誰が得をしているのでしょうか。

桜丘中学校では、このような無駄な時間はほとんどありません。

最近、教員という職業は長時間労働でブラックだ、という指摘がありますが、この例のように髪形やスカート丈などを教員が「粘り強く」指導する時間がなくなれば、教員の業務実態も長時間労働も少しは改善していくのではないでしょうか。校則をなくすことは、教員の負担軽減に直結するのです。

「校則がなくなって、生徒に注意するストレスがなくなりました。以前なら、〝その恰好はなんなの！〟と注意しなくちゃならないところを、〝それ、おしゃれだね〟と普通に会話することができる。注意するストレスがなくなったので、ひとりの人間として生徒に接することができるようになりました」

これは、桜丘中学校に異動して3年目の、ある教員の言葉です。

教員は「転職」を心に抱け

実際、教員は疲弊しています。

「子どもたちのために」と言って、教員は自分を犠牲にしないでほしいと思います。桜丘中学校の教員にも、「自分の生活や趣味を第一にしてほしい」と伝えています。なぜなら仕事に没頭するのは逆効果だからです。疲労やストレスをため込んだまま接すれば、イライラを生徒にぶつけることになりかねません。学校が終わったあとの自分の時間が充実していれば、子どもたちにも余裕を持って対応できます。そして何より、教員である前に、私たちはひとりの人間であるべきなのです。

仕事が多いことはわかっています。

教育改革の名のもと、教員の仕事だけは増えていっています。加えて、朝日新聞の報道では、全国の公立小中学校で教員の数が足りず、1241件の「未配置」があったそうです。記事によれば、「単純計算すると、全国の公立小中学校約3万校の約4％で教員が想定より足りない」ということですから、これは大変なことです（2019年8月5日／朝日新聞デジタル）。

「教員が足りない」と問題になっているというのに、「何を馬鹿なことを」と言われそうですが、私は若い教員たちに、「ここを飛び出して、もっと自分の力をいかせる場所で働きなさい。待遇のいいところに行きなさい」と、転職を勧めています。

いまの世の中、特に民間企業では昔と異なり、終身雇用の感覚は薄れてきています。仕事を通じて自分をスキルアップさせ、自らの価値を高める。民間企業のビジネスマンならば当然やっていることです。その結果、評価が高まり、ほかの会社がもっといい給料や地位を与えてくれるならば、転職するのは当たり前ですよね。そう考えれば、教員だって転職していいはずなのです。

実際、桜丘中学校で数多くの研究授業をこなし、保護者対応をし、さまざまな個性を持った子どもたちの相手をし……と日々を過ごしていると、相当のスキルが身につきます。一般企業に行っても、十分に通用するでしょう。

教員採用試験を受けて受かったら一生安泰。こういう前提を考え直してほしいのです。そう考えた時点で成長を止めてしまうからです。「転職できるようなスキルを身につけよう」と思えば、やる気も出ます。

若い教員に「転職」を意識させるもうひとつの理由は、精神的に楽にさせてあげたいからです。

「教員採用試験に受かったら、一生安泰」という考え方は、言い換えれば「一生教員を続ける」ということです。これではいざという時の逃げ道がありません。

「ずっとは教員の仕事をやらないかもしれない」

「いつか転職しよう」

と考えると気が楽になります。いま問題になっている、教員が心の病になってしまうケースも減るのではないでしょうか。

転職して、別の社会の空気を吸ってくるのもいい経験です。それで「また教員をやりたい」となったら、戻ってくればいい。社会経験は、教える上できっとプラスになるはずですから。教員免許があればそれが可能なのですから、もっと気楽に考えればいいと思います。

ミニスカートの制服をつくる

東京の世田谷区と中野区のすべての区立中学校で、２０１９年の春から、女子生徒もスカート以外にスラックスの制服を選べるようになりました。ほかの自治体でも、同様の動きが広がりつつあります。

数年前、どこかの小学校でアルマーニの制服をつくったことが話題になりました。しばらくして教育委員会から「男女別」の制服の価格調査が来ました。「桜丘中学校の制服には男女の区別はないんですよ。」と説明をしたのですが、当時の担当者には理解していただけませんでした。それから、随分世の中も変わったものです。

この背景には、ＬＧＢＴＱ＋への配慮という側面もあるでしょう。ＬＧＢＴＱ＋とは、レズビアン（Ｌｅｓｂｉａｎ、女性同性愛者）、ゲイ（Ｇａｙ、男性同性愛者）、バイセクシュアル（Ｂｉｓｅｘｕａｌ、両性愛者）、トランスジェンダー（Ｔｒａｎｓｇｅｎｄｅｒ、性別越境者）、クエスチョニング（Ｑｕｅｓｔｉｏｎｉｎｇ、性自認や性的志向が定まっていない人）の頭文字に、多様な性を意味する＋を付けた造語で、セクシュアル・マイノリティ（性的少数者）の総称のひとつです。

新聞は、女子生徒がスラックスを選べることを「画期的」と報道しました。でもこれは、本当に画期的なのでしょうか。

私はこの報道の「女子生徒もスラックスを」の「も」が気になりました。女子とか男子とか性別を見かけで判断しています。では「見かけ」が男子に見える生徒が「スカートをはきたい！」と言ったら、その学校はそれも許可するのでしょうか。きっとそうではないでしょう。

そもそも、ほかの子どもたちと違ったものを選択した時点で、カミングアウトしたのと同じことになりかねません。それが原因で、いじめや差別の対象になる恐れもあります。

ではどうしたらいいのでしょうか。

現在の桜丘中学校では、だから「自由」なのです。スカートでもスラックスでもかまいませんし、そもそも制服でも私服でもいい。誰もが自由なら、誰が何を選択したかということは大きな問題ではなくなります。選択が個性となるからです。

桜丘中学校が服装を自由化する前に取り組んだのは、「素敵な制服」をつくることでした。着ることを強制するのではなく、思わず着たくなるような制服にしようと考えたのです。

スカートの丈の長さを規定する校則は、全国各地にあります。桜丘中学校にもありました。でも、なぜその長さなのかを答えられる教育関係者はひとりもいません。

スカートの丈は、世間の流行と連動しています。

私が大田区の中学校で教えていた80年代は、ロングスカートブームやスケバンブームがあって、スカート丈を長くすることが流行っていました。なんとくるぶしまである長いスカートを引きずるようにはいている生徒もいました。そのころ教員は「もっと短くしなさい！」と注意していたものです。いまはご存じのようにミニスカートが主流です。自分でウエスト部分をくるくるまくって、スカートを短くしている女子中学生や女子高生を街でよく見かけます。

彼女たちは、なぜスカート丈を短くしたいのでしょうか？

もちろん、それが「いま」のおしゃれだからです。自分のできる範囲でおしゃれをする。当然の欲求ではないでしょうか。

心を引っ掻き回す

女子生徒はミニスカートをはきたい。

ところが校則では禁止されている。

だったら、「制服自体をミニスカートのおしゃれなものにしてしまったらどうだろう？」と考えました。

世田谷区は私立中学校進学率が高いと言いましたが、私立の生徒の多くはおしゃれな制服を身につけています。公立に進学したからって、地味でダサい制服を着なければいけないという決まりはありませんよね？「私立は制服がかわいいけれど、公立はダサくて地味」という固定概念はおかしい。

そこで、内心「打倒私立」の思いを抱いて、デザインしてもらいました。裏のコンセプトは「原宿でスカウトされるようなかわいい制服」。とても素敵な制服ができあがりました。この制服が着たくて、桜丘中学校に来る生徒もいるぐらいです。青山界隈を男女4人の生徒が新制服でぶらついていたところ、本当に某有名雑誌社の人から声をかけられたそうです（最近も、その雑誌社から制服の取材をさせてほしいと連絡が来ました）。

中でもスカートは特徴的で、スカート丈は膝上10センチです。

通常の校則は、スカートの丈をいじることを禁じています。つまり、このミニスカートの丈をほかの中学校のように長くしたら、校則違反になるという矛盾が生じます。スカートの長さに意味がないことがわかりますか？

同じように、いまの時代、「スカートの丈を短くしろ！」と言ったらセクハラです。ならば逆に、「スカートの丈を長くしろ！」と強制するのもセクハラのはずなのです。ミニスカートの制服をつくったことで、いろいろな矛盾が見えてきます。

教育とは、言うなれば「心を引っ掻き回すこと」です。

心の中の本棚を整理することが教育だ、というようなことも言われていますが、私はそれには同意しません。逆に、子どもたちが「これはこうだ」と思い込んでいることを引っ繰り返してあげる。「引っ繰り返せるんだよ」と教えてあげることが教育ではないでしょうか。

「校則には従わないといけない」「制服は決まっている」と思い込んでいるんだったら、そうした固定観念を覆してあげたいんです。価値のシャッフル、価値観の転覆です。「当たり前」だと思っていることに対し、「本当にそうなの？」と自分の頭で考えてほしい。

ミニ丈の制服は、考えるきっかけなのです。

発達障害への無理解

子どもたちが、幸せな3年間を送ることがいちばん大事。

こう思って、校則を減らしていったり、制服を変えたりと、少しずつ学校を変えていきました。

赴任して3、4年たった頃でしょうか。自分が赴任してきた時の1年生が最上級生になって、だんだんと学校の雰囲気も良くなっていきました。子どもたちと教員の信頼関係も徐々に深まり、多くの笑顔、喜びが学校のあちらこちらであふれてきたのです。子どもたちも積極的に自分の意見やアイデアを口にするようになり、生徒会活動も活発になっていきました。

Bくんという発達に特性がある少年がいました。彼はアスペルガー症候群でしたが、知的には何の問題もなく、勉強もよくできました。ところが、Bくんはずっと人間関係に苦しんでいました。言葉の「裏」の意味や冗談が理解できず、人間関係がギクシャクします。結局、最後は学校に来られなくなってしまいました。

「幸せな3年間」を送ってもらうために、いろいろと手を尽くしていたはずなのに、それが叶わなかったのです。

Bくんだけではありません。

以前よりも雰囲気がよくなったはずなのに、それでも、学校や教室の環境にうまくなじめない生徒、楽しそうにしていない生徒がいることに気づいたのです。

学習にはそれほどの困難がないのにもかかわらず、コミュニケーションがうまくできない生徒。

これ見よがしに自分の知識や勉強ができることをひけらかして顰蹙《ひんしゅく》を買ってしまう生徒。

冗談がわからずに言葉を真に受け感情的になり、争いが絶えない生徒。

一見、わがままな子どものように振る舞う生徒が、ほかの生徒からそっぽを向かれ孤立してしまうケースもありました。

そのような生徒に教員としてどう接したらいいのか。ほかの生徒にはそのような生徒のことをどのように話したらよいのか。私を含め教員たちは困惑していました。

初めは、単なる「わがまま」であるとか、忍耐力が足りないなどと思われていました。そのうち徐々に、どうやら発達にばらつきや課題がある生徒だということがわかってきました。

桜丘中学校には、世田谷区内の中学校の生徒が週1回程度、曜日を決めて通級する情緒障害児学級「さくら学級」が併設されています。そこに通う生徒の中にも同じような特性を持つ生徒がいて、「発達障害がある」との診断を受けていました。

意外に思われるかもしれませんが、普通の学級の教員は「発達障害」についての知識がほとんどないのです。私自身、養護学校で教えた経験があったので、発達障害に関しては聞きかじりとはいえある程度の知識がありました。しかしきちんと勉強したことはありません。

そこで、「さくら学級」の教員からアドバイスをもらい、校内研修を開いて発達障害について研究することになりました。一からの学び直しです。

きちんとした知識を得て、改めて「発達障害」という視点で生徒を観察できるようになると、単なる変わった子、すぐキレる子、学習に困難がある子……それぞれが、発達に特性があることがわかってきました。また、不登校の生徒の中にも多くの場合、そのような特性のある生徒がいることも見えてきました。

単なる「わがまま」ではなかったのです。

実は、彼らは悩み苦しんでいたのです。

映画『みんなの学校』を観て

では、どうすればいいか。

どうしたら発達障害の子たちも幸せな3年間を送ることができるのか。

この頃、偶然、『みんなの学校』（真鍋俊永監督）という映画を観ました。夏休みも終わりの暑い午後でした。いまでもよく通っている東京・渋谷のアップリンクという映画館です。

この映画は、2015年2月に公開されたドキュメンタリー映画で、不登校ゼロを目指す大阪市立大空小学校の1年間を追ったものです。この映画は、有志の手でいまでも全国各地で公開されています。また『「みんなの学校」が教えてくれたこと――学び合いと育ち合いを見届けた３２９０日』（小学館）という書籍にもなっています。

すぐに友だちに暴力を振るってしまう子。教室を飛び出してしまう子。発達障害の子。問題を抱えている子が大勢登場します。でも当時の校長・木村泰子さんを中心に、「すべての子に居場所のある学校を！」と教職員や親、そして地域の大人たちみんなが子どものために奮闘していました。

この学校には、発達障害の子とそうでない子の境がありません。「すべての子どもの学習権を保障する」という教育理念のもとに、教育が行われていました。

この小学校の決まりはたったひとつです。

「自分がされて嫌なことは、人にしない、言わない」

問題を抱えている子も、そうでない子も、時にぶつかりあいながら、成長していく姿がそこにありました。何より、子どもが楽しんでいる！　はみ出してしまう子を矯正するのではなく、周りの子どもたちが「違い」を認め、受け入れることで、居場所をつくっていました。大空小学校はひとりひとりを本当に大切にしていました。

「あ、これが答えだ――」

漠然とですが、そう思いました。自分のやろうとしている方向性は、間違っていない、と。

映画の終盤で、ある保護者が「大空小学校を卒業したあとは、特別支援学校に行くしかない」というようなことを語っていました。

どんな子どもも楽しく学べる公立中学校があったら、どんなにいいだろう。そうだ、ないならつくってしまえばいい。

よし、その中学校は任せろ！

大阪と東京、ちょっと離れているけれど、桜丘中学校を絶対に大空小学校のような中学校にしてみせる。

——私はそう誓ったのでした。

この世は非常に生きづらい

子どもたちが、幸せな3年間を送ることがいちばん大事だ。

この言葉に間違いはありませんが、実はこの「子ども」をどう捉えるかが難しい。私の悩みもそこにありました。

私たちは何気なく「中学生」という言葉を使います。ではその時、どんな「中学生」を想定しているでしょうか。誰かひとり、具体的な子どもの顔を思い浮かべていますか？

お子さんが中学生ならまだしも、たいていの方は、もっとボンヤリとした「典型的な中学生」を想定しているはずです。

では「典型的な中学生」とはどんな中学生でしょうか？

そしてこの本を読んでくださっているあなたは、「典型的な中学生」でしたか？

いまの中学生を見ても、そして自分たちが中学生だった頃を思い出してみても、ひとりひとりがまったく違っていたことに気づくはずです。

考えてみれば当たり前で、ひとりひとり、まったく異なる人間です。この世のどこにも「典型的な中学生」など存在しないのです。

さらに発達障害の問題があります。

最新の調査によれば、医師から発達障害と診断された人は、全国で48万１０００人と推計されています（厚生労働省「平成28年　生活のしづらさなどに関する調査（全国在宅障害児・者等実態調査）結果」）。文部科学省の調査によれば、「発達障害の可能性がある」とされた児童生徒の割合は、６・５％です（文部科学省「通常の学級に在籍する発達障害の可能性のある特別な教育的支援を必要とする児童生徒に関する調査結果について」２０１２年）。これは、40人クラスの2～3人が、「発達障害の可能性がある」ということです。

発達障害は、自閉症スペクトラム、アスペルガー症候群、ＡＤＨＤ（注意欠如・多動性障害）、ＬＤ（学習障害）など、特徴によってさまざまな呼ばれ方をします。人によっては、いくつかの特徴があわさって出る場合もあります。発達障害といっても皆同じではないのです。

ＬＧＢＴＱ＋（性的少数者）もそうです。

ある調査では、この層に該当する人は８・９％という結果が出ています（電通ダイバーシティ・ラボ「ＬＧＢＴ調査２０１８」）。

発達障害やＬＧＢＴＱ＋の子どもたちを一括りにすることはできませんが、唯一共通していることは、「この世は非常に生きづらい」ということです。なぜなら、世間が思い描く「典型的な中学生」から、その子たちは抜け落ちてしまうからです。普通の人がらくらくクリアできる些細なことで、つまずいてしまうという理由で。

旅館との大喧嘩

この件で、修学旅行で宿泊した旅館と大喧嘩をしたことがあります。ＬＧＢＴＱ＋の傾向の生徒への配慮で、宿泊当日、旅館の番頭さんにお願いをしました。

「一緒に大浴場に入れないかもしれない子がいるので、すべての部屋で部屋風呂を使えるようにしてもらえませんか？」

しかし、番頭の返事はノー。

ＬＧＢＴＱ＋の説明を誠心誠意したのですが、まったく通じません。

「どこで部屋風呂を使うのか、あらかじめ取り決めてもらわないと」

というのですが、それだと、カミングアウトしないと部屋風呂に入れないのと同じことです。旅館側が反対する理由は、あちこちで部屋風呂を使われては、いちいち掃除に人手がかかって大変だというのが真意なのはわかっています。

ある時、この話を雑誌のインタビューでお話ししたところ、「安いお金で泊まらせてもらっているくせに、旅館をいじめるのか！」というお叱りを受けたことがありました。

しかし実情はまったく違います。この旅館が旅行サイトで売り出している普段の宿泊料より、一部屋あたり数千円は高い料金を支払うことになっていたのです。もちろん、高いお金を払っているのだから言うことを聞け、と言っているわけでもありません。ただ、こうした子どもたちを含めた全員が心置きなく修学旅行を楽しめるようにしたかっただけです。

いまの時代は、ＬＧＢＴＱ＋にかかわらず、大浴場に友だちと一緒に入れない子が少なからずいます。そういう子のためにも、「いざという時は使わせてほしい」と言っているだけでしたが、結果は覆りませんでした。

仕方なく、この次の年はキャンセルし、ほかの旅館にあたるしかありませんでした。

後日、この旅館がある県の観光課に、今後、浴場の利用に関して柔軟に対応してほしい旨を伝えました。観光課は「対応します」と言ってくれましたが、さてどうなるでしょうか。

このように、ただ修学旅行に行くというだけで、いろいろな障害にぶつかるのです。マスコミでLGBTQ＋の話題が出るようになりましたが、世間の認知度や理解度は、この旅館とそれほど変わらないのかもしれません。この世は非常に生きづらい、とはそういうことです。

学校が想定するのは「典型的な中学生」

そんな生きづらい時代に、桜丘中学校のすべての子どもたちが、幸せな3年間を送るにはどうしたらいいいか。

そう考えた時に、「この子は発達障害だから」「LGBTQ＋だから」「乱暴者だから」と排除してもいいでしょうか？　それは違いますよね？

でもこれまでの学校教育は、「典型的な中学生」を想定して組み立てられています。ここからこぼれ落ちる子どもたちは、時代によって「不良」や「非行少年」などとレッテルを貼られました。枠からはみ出した子どもたちは、枠の中に入るよう強制的に従わせるか、もしくは追い出すか、それしかやってこなかったのです。

小学校でもそう。

「典型的な小学生」になるよう、子どもたちは教育されています。心に思っていなくても、優等生的な発言や行動をすることが求められているのです。「自分の意見」は求められていません。自分の意見を口にすると、人と違ってしまうからです。そうすると、「典型的な小学生」からはみ出してしまう。

「みんなと同じようにしなさい」

親からも教員からもこう言われ続け、子ども同士でも「同じようにできない子」を責めたり馬鹿にしたりしてきたのです。

これって、おかしくないですか？

これって、楽しいですか？

制服は必要か

前述のBくんは学校に来なくなってしまった。排除していなかったはずなのに、こぼれおちてしまったのです。ではどうすべきか。

映画『みんなの学校』が教えてくれたことは、発達障害児など、「問題を抱えた子」に焦点を合わせるということでした。漠然と「桜丘中学校の生徒」全体を捉えようとするのではなく、「困っている子」だけを見るようにしました。

すると、いろいろなことが見えてきました。

Cくんは、小学校時代から特別なこだわりがあり、同じトレーナーでないと学校に行きたがらない子でした。

Dくんは、長靴に強いこだわりがありました。小学校時代は、晴れた日も長靴で学校に通っていました。

Eさんは帽子が手放せませんでした。教室の中でも帽子を脱ぎたがりません。

「制服を着ること自体が我慢ならない」という子は複数いました。制服を着るとアレルギー反応が出て、体がかゆくなってしまう子もいました。

この子たちは、「決まった制服」があるというだけで、こぼれ落ちてしまいます。不登校になってしまう可能性が大きい子たちでした。

では、この子たちを排除してしまう「制服」とは何でしょう？

なぜ「制服」を着なければいけないのでしょうか？

公立小学校時代、自由な恰好をしてきた子どもたちからみれば、中学校で急に制服を強制されることは、考えてみれば理不尽です。

「なぜ制服が必要なんだろう？」

教員たちに聞いてまわりました。答えはいろいろ返ってきましたが、腑におちるものはひとつもありませんでした。答えに窮してしまった教員もいました。

だったら、恰好を自由にしてしまえばいい――

逆転の発想です。

その代わり、制服も残しました。制服を着たい子どもたちもいれば、制服を着せたい親もいます。制服を着たいならこれですよ、着たくないなら自由でいいですよ、としてしまえば誰にとっても損失はありません。

Cくんに言いました。

「これからは好きなトレーナーで通ってきていいよ」

Dくんに言いました。

「長靴で登校していいよ」

Eさんに言いました。

「授業中も、帽子をかぶっていていいよ」

するとどうしたことでしょう。

この子たちは、肌身離さず身につけていたトレーナーも、長靴も、帽子も、すぐに身につけることなく、登校するようになりました。こだわりのアイテムはもう、必要としなくなっていたのです。

もしかしたらそれまでは、大きな不安を抱えていたのかもしれません。アイテムが心の支えだった。不安が強かったから、特定のアイテムが必要だったということもできます。たとえばDくんにとって「長靴で登校していいよ」と言われたことは、「この学校にいていいんだよ」と言われたことと同じ意味を持っていたのかもしれません。「ここが自分の居場所だ」と思うことができた。不安は薄まり、アイテムが必要なくなったのかもしれない。そんなふうに思っています。

「何であの子だけ」という不満

これも実際に、桜丘中学校であった例です。

数年前に、「文字が読めないので、授業中に読み上げソフトの入ったタブレットを使いたい」という子どもの入学相談がありました。仮にFくんとします。Fくんが入学するはずだった学区の中学校では、「一人だけにタブレットの使用は認められない」と断わられたそうです。

Fくんは「読字障害」でした。「ディスレクシア」とも呼ばれます。学習障害の一種で、読み書きに著しい困難を抱えているのです。何も怠けているわけではありません。Ｆくん自身が困っているのです。

珍しい障害ではありません。

有名なところでは、『ミッション：インポッシブル』シリーズでおなじみのハリウッドスター、トム・クルーズが、ディスレクシアであることを告白しました。

映画監督のスティーヴン・スピルバーグもディスレクシアの診断を受けたことがあり、それが理由で学校の卒業も2年遅れ、在学中はいじめに遭ったと本人がインタビューで語っています。スピルバーグ監督は現在でも本や脚本を読むスピードが遅く、普通の人に比べ2倍の時間がかかるそうです。ちなみにスピルバーグ監督は、自身がアスペルガー症候群であることも公表しています。

Ｆくんのご両親は、桜丘中学校が自由な校風であることを聞きつけ、「この学校だったらもしかして……」と相談に訪れたのです。

一瞬、考えました。

Ｆくんにタブレットが必要なことは明らかです。しかし特例で認めたら、ほかの子から「何であの子だけ」と文句が出るだろうと思いました。周囲に不平不満を抱かせてしまう。

だからといって、タブレットをＦくんに使わせなかったら、Ｆくんは学習ができない。

「幸せな3年間」など望むべくもない。ではどうするか。

そこで思い切ることにしました。ひとまず実験的に、Fくんのクラスは「全員タブレットを持ち込んでいい」ということにしたのです。

すると、2~3人の子がタブレットを持ってきて、学校でゲームをしたりするようになりました。けれどもタブレットは自己管理です。体育の時などは、教員に預けるなどしなければなりません。結構な手間です。しかも雑に扱えばすぐに液晶画面が割れてしまう。

結局しばらくすると、タブレットを本当に必要としていたFくん以外は、調べ物があるなど特別な用事がある時以外、学校に持ってこなくなりました。「タブレット自由」なので、Fくんが常時使っていても、誰からも不平不満はもれません。

「これだ」と思いました。

「きみだけいいよ」

これだと、いらぬ軋轢《あつれき》を生みます。

「全員いいよ」

としたことで、結果として互いの違いを認め合えたのです。これによって、「タブレットを使って学習する」ことが、Fくんの個性となったのです。これならば大丈夫だと思い、タブレットの持ち込み可という方針を全校に広げました。

スマホもOK

タブレットを使うには、環境として「フリーＷｉ－Ｆｉ」が整っている必要があるのですが、桜丘中学校はこれもクリアしています。

たまたま学区域でミニＦＭ局を運営している人がいて、その人から、「学校にサテライトの機器を置かせてくれないか」という依頼がありました。それをＯＫする代わりに、音声をインターネット経由で転送するための光回線を利用して、フリーＷｉ－Ｆｉを設置してもらったのです。ルーターは自腹で設置しましたが、これでＦくんは心置きなくタブレットを使うことができます。

同じように、スマホの持ち込みをＯＫにしました。

実は、スマホを禁止していた時は、さまざまな問題が発生していました。

スマホ禁止という建前があるので、「生徒がスマホで問題を起こす」という想定をしていないのです。でも実際は、禁止していてもグループＬＩＮＥで悪口を言い合ってそれがいじめに発展するということもありました。友だちの写真をネットに公開してしまったり、他校の子とネット上でもめたり、ということもありました。学校が禁止しているだけでは子どもたちは、スマホやネットの危険性をまったくわかっていなかったのです。

スマホの持ち込みをＯＫにする代わりに、毎年のように専門家を呼んで「ネットリテラシー講座」を開催しました。どういう使い方をすると危険なのか、なぜ写真をインターネットにアップすると問題なのか、そういうことを専門家に教えてもらったのです。

効果てきめんでした。

スマホに関する問題が起きていたのは、知識不足だったからです。危険性がわかったことで、生徒たちは慎重に扱うようになり、問題もなくなっていきました。

使い方さえ誤らなければ、スマホは小型のパソコンですから、使い勝手がいい。学習アプリも充実していて、中には数学の計算問題をスキャンすると解いてくれるものまであります。文章問題まで解いてしまう。

そう聞くと、「宿題がスマホ任せになって、自力で問題を解かなくなるのでは」と心配する人がいるかもしれません。ここが不思議なところなのですが、スマホのアプリにさらっと解かれると、対抗意識を燃やすようなんですね。アプリのお陰で数学の勉強時間が増えた、なんて子までいる。英語も、生きた英語を体感できる、いいアプリがたくさん出てきました。

ＬＩＮＥ《ライン》もそうです。

ＬＩＮＥを目の敵にする学校や親は多く、多くの学校で禁止になっています。しかしこれも、使い方さえ間違わなければ、非常に優れたコミュニケーションツールなのです。

たとえば、発達障害の子の立場に立って考えてみましょう。

LINEでやりとりすることは、そのこと自体が、実はコミュニケーションのトレーニングなのです。「文章で用件や気持ちを正しく伝える」ことを、知らず知らずのうちに学んでいるのですから。スマホが当たり前の社会に生きているのですから、スマホに特化したコミュニケーションを学ぶことは、マイナスではありません。そうやってスマホを使っているうちに、別の使い方を発見したりもする。

先日、LINEを練習中のGくんに、いたずら心を出して、英語でメッセージを送ってみたんです。結構難しい英文です。

すると驚いたことに、気の利いた英文が返ってきました。聞くと、スマホのアプリを上手に使ったのだそうです。Gくんは決して勉強が得意ではありませんが、スマホのアプリを駆使することでなんなくクリアしてみせた。これって、社会を生き抜く力ではないでしょうか。「スマホ禁止」とやっていては、こうした力は身につきません。

インクルーシブ教育とは

「インクルーシブ教育」という教育理念があります。私も言葉を知っている程度で、どのように実践すればいいのか皆目、見当がつきませんでした。

読者の皆さんにも、この言葉を初めて耳にするという人も多いかもしれません。実際ここ数年で急速に広まりました。

ひとつのきっかけは、「障害者の権利に関する条約」の日本の批准です。

この条約は、国連でつくられた人権条約です。条約の当事者である障害者が一緒につくったことで話題になりました。２００６年に国連総会で採択され、日本も２００７年に署名。２０１４年にようやく批准しました（世界で１４０番め）。

ここでうたっているのが、「インクルーシブ教育」です。

《第二十四条　教育

１　締約国は、教育についての障害者の権利を認める。締約国は、この権利を差別なしに、かつ、機会の均等を基礎として実現するため、障害者を包容するあらゆる段階の教育制度及び生涯学習を確保する。》

簡単にいえば、障害がある子どもも、障害がない子どもも、「共に学ぶ」ということです。

教員側からいえば、すべての子どもにとって参加しやすく学びやすい学校をつくっていく、ということになります。「どんな子でも3年間楽しく過ごせる学校」という私の方針は、意図していませんでしたが、「インクルーシブ教育」の理念そのものだったのです。

これは学びのユニバーサルデザインにも共通した考え方です。

ユニバーサルデザインは、高齢や障害の有無にかかわらず、すべての人が快適に利用できるよう、製品や空間などをデザインすることです。高齢者や障害者が使いやすいものは、一般の人からみると、どうでしょうか。

たとえば、駅に設置されたエレベーター。本来の目的は、車椅子の方やベビーカーを利用しているかたなどのためでしょう。でも健康な私たちが使っても、エレベーターは便利です。結果的に、ユニバーサルデザインは誰もが快適です。

学校も同じです。

学校では特に、「学びのユニバーサルデザイン」とか、「ユニバーサルデザイン教育――UDL（Universal Design for Learning）」という言い方をします。

発達障害や知的障害、不登校や帰国子女など、「困難を抱えている生徒」に合わせた教育をしようとすると、そうでない子の親の一部からは、「自分の子どもが不利益をこうむるのではないか」「学力が低下するのではないか」と心配する声もありました。「障害のある児童は特別な教室や学校で学んだほうがいい」という考えを持った方も少なからずいます。

でもそうでしょうか。

ユニバーサルデザインが誰にとっても使いやすいのと同じように、ユニバーサルデザインの教育も実は、どんな子にとっても学びやすいのです。

たとえば、掲示。

桜丘中学校の教室を覗いてもらえるとわかりますが、教室の前方の壁に無駄な掲示物がありません。殺風景と感じる人がいるかもしれませんね。

しかし発達に特性のある子どもからすると、この掲示物がくせ者なのです。授業中に、掲示物に気を取られてしまい、集中できなくなってしまうのです。中には、クラス全員の顔のイラストや写真を貼っている教室がありますよね？　あれは、てきめんです。注意が散漫になりやすい傾向がある子どもの中には、ひとつひとつの顔をチェックすることを始めてしまう子がでてきます。授業に耳を傾けるどころではありません。

しかし、掲示物に気を取られてしまうのは、そのような特性がある子どもたちばかりでしょうか？　そうでない子も、やっぱり気になるのです（実は私も気になります）。授業中、ある特定の掲示物が気になり、じっと眺めていた経験がある、という人は多いのでは

ユニバーサル教育の観点から、黒板の周りには生徒の気が散らないよう掲示板は貼らず、集中力を高める工夫をしています。

ないでしょうか。

だとしたら、「不必要な掲示物を貼らない」ということは、ユニバーサルデザイン教育というだけでなく、発達障害児以外の子たちにも、「集中して学べる環境」を用意した、ということになります。

こうしたすべての子どもたちに配慮した教育を「インクルーシブ教育」といいます。

学校に必要なOS

過ごしやすい環境。わかりやすい授業。これらは、発達障害でない子どもたちにとってもプラスです。「タブレット持ち込み可」もそのひとつの例で、障害を持つFくんに合わせることで、結果的に誰もが快適になりました。

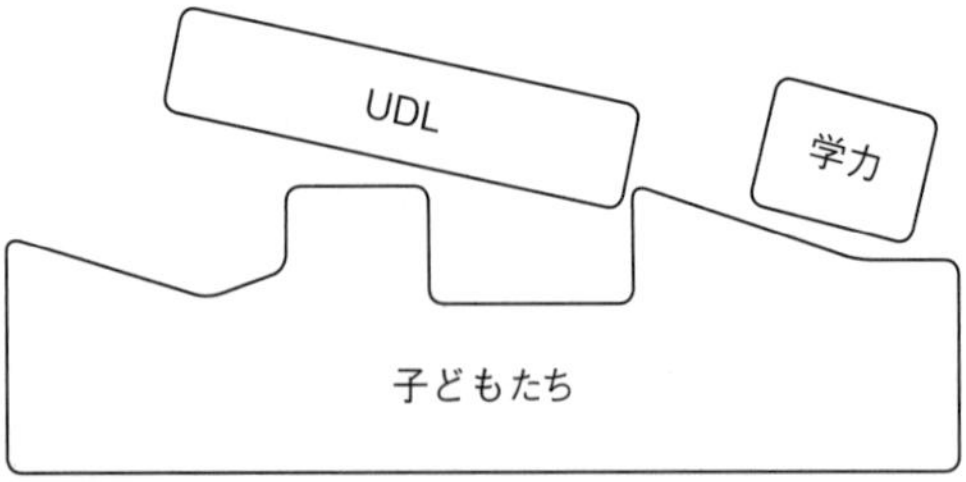

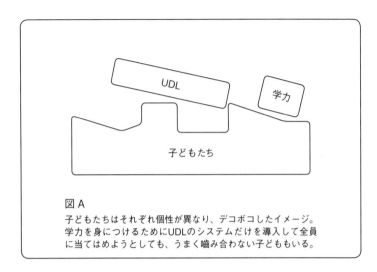

図A
子どもたちはそれぞれ個性が異なり、デコボコしたイメージ。
学力を身につけるためにUDLのシステムだけを導入して全員に当てはめようとしても、うまく噛み合わない子どももいる。

ただし、インクルーシブ教育を成功させるには、その実践プロセス以外に、関わる人すべてが共有する価値観や校風のような環境が必要であると思っています。

図Aを見てください。

これは子どもたちを図式化したものですが、デコボコしてますよね？

当たり前です。ひとりひとり、個性も違えば、能力も違う。発達障害などの生きづらさを抱えている子もいる。みんな違うのですから、デコボコしていて当然です。

しかし実際は、教育関係者の間でも、「デコボコしている」という認識がない場合が多いのです。すぐに「普通の子ども」――図式化するなら、上面が平らな長方形を想定してしまっているのです。だからこの上に、ユニ

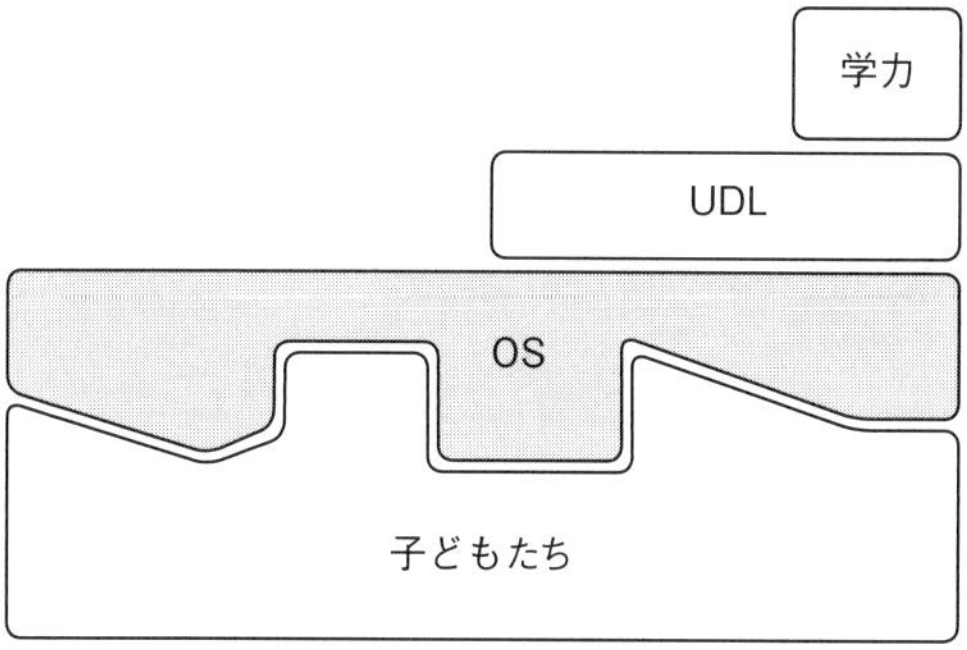

図Ｂ
学校環境が柔軟であれば、個性の異なる子どもたちそれぞれが自分に合う環境（OS）を媒介にして、UDLを活用できる。

バーサルデザイン教育とか、アクティブラーニングのプロセスを実践しようと載せていく。四角い箱を積み上げていくイメージです。

しかし実際の土台となるべき子どもたちは、図のようにデコボコしているのです。いくら素晴らしい教育を積み上げてみても、うまく載っていきません。すべての子どもに行き渡らないからです。いろいろな実践校の研究発表会に参加した時に感じた違和感は、こういうことだったのです。単に学校に「ユニバーサルデザイン」の方法を取り入れてもあまり効果が出ないのです。

ではどうしたらいいでしょうか。

今度は、図Ｂを見てください。これが桜丘中学校の考え方です。

私は「普通の子ども」などという子は存在

しないと考えています。〝子どもたちのデコボコを、デコボコのままで認めることが鍵〟だと考えています。その上でそのデコボコを吸収できるような仕掛け、パソコンのOS（オペレーティング・システム）のような環境を作りたいと考えました。

たとえば皆さんの使っているＭａｃやＷｉｎｄｏｗｓのパソコン、さまざまなメーカーがありますよね？

でも、ソフトをインストールすると、パソコンが異なるのに、同じソフトを使うことができます。なぜそんなことが可能かというと、「Ｗｉｎｄｏｗｓ」や「Ｍａｃ　ＯＳ」というOSをいれているからです。パソコンを使うには、ハードウエア（本体）のデコボコを吸収して同じソフトウエアが動くためのOSが必要なのです。

ユニバーサルデザインの教育や通常の授業は、いわばソフトやアプリです。どんな子どもでも同じように使えるようにするためには、OSが必要なのです。

では学校教育に必要なOSとは？

OSは、４つあります。

いちばん大切なOSは、「多様性の受容と尊重」です。いちばん大切なのでOS１としましょう。生きづらさを抱えている子も、問題を抱えている子も、いろいろな特性を持っている生徒たちを包み込む環境——「みんな違っているのが当たり前。だからみんな違っていていいんだよ」とひとりひとりの特性や個性を認め合える環境です。言い換えれば、「多様性」を楽しめる環境、「多様性」を認め合う環境です。

これは校長の私を含めた、生徒や教員、保護者や地域の方々みんなで共有していく価値観です。

ＯＳ２は、子どもを取り巻く教員が「愛情を持って子どもに接する」ことができること。愛情がない関係ではどんな取り組みも不毛なだけです。説明する必要は、ありませんよね。

ＯＳ３は、これも当たり前のことですが、「生徒ひとりひとりを大切にする」ということです。

よく「木を見て森を見ず」という言葉があります。細部にとらわれすぎて全体に注意を向けない人を表します。決して良い意味では使われませんが、学校現場では、反対です。ひとりの子どもに十分時間をかけ、愛情をかける経験があって、初めてほかの子どもたち全体を理解できるようになるのです。なぜかというと、同じように見えても、森の木一本一本はすべて違った個性を持った存在だからです。

ＯＳ４は、「子どもと共に生きる」ということです。

この長い地球の時間で、同じ時代、同じ時間、同じ学校に偶然居合わせる確率は、ほとんどゼロ。奇跡に近い確率です。そんな奇跡的に出会えた子どもたちと教員が、お互いの人生を重ね合わせて生きる。子どもたちの13歳から15歳の人生と私であれば63歳から65歳の人生を重ね合わせて「生きる」。

そんな感覚を持った大切な時間を過ごしてほしいという、まあ、私の願いのようなOSです。

廊下という居場所

廊下のスペースも桜丘中学校の「OS」を実装するための装置かも知れません。

桜丘中学校を訪れた人は、まず職員室や校長室前の廊下を見て驚かれます。廊下にテーブルや椅子、ハンモックが置いてあるからです。しかも授業が始まっても、何人かは廊下に出たままです。桜丘中学校では、いつでも誰でも、この廊下スペースを利用できます。

もともと、テスト前に職員室に勉強を教わりにくる子たちのために、廊下に机と椅子が用意されたことがきっかけでした。以前は生徒と教員が、職員室前の廊下の地べたにノートを広げたりしていました。それを見かねたある教員が、余っていた生徒用の机と椅子を置いたのです。

当初は「ヘルプデスク」と呼ばれていました。職員室の前に置かれているので、わからないところがあると、すぐに職員室の教員に質問できるという利点がありました。

そういう経緯でしたので、テストが終われば不要になるかと思いきや、その後もいろいろな子が廊下の席を使うようになりました。毎日ここで勉強し、見事、難関の志望校に受かった子もいました。

そのうち、教室に入れない子もやってくるようになりました。いつのまにか、教室に入りづらい子たちの「居場所」になっていたのです。

だったら子どもたちにとって居心地のいい場所にしよう。

学校で、いい机といい椅子を用意しました。事務の方が「手元が暗いから」と電気スタンドも買ってくれました。「冬は寒いから」と電気ストーブを持ち込んでくれた教員もいました。私も自腹で購入したハンモックを置きました。そういう教職員の心遣いを子どもたちも見てきたので、その場を雑には扱わず、きちんと使おうという空気が自然にできました。

「どんくさい」から「かわいい」へ

たとえばＨくん。もう卒業した生徒です。

ある時、美術室の前の掲示板に灰色の暗い色のポスターが貼られていました。人を刺そうとする大きなナイフ。そのナイフからは血が滴り落ちています。その上に「ことばも暴力」と黒い太い字が重なります。

私は、そのリアルな表現が気になり、誰が描いたポスターなのかを確かめました。描いたのはHくんでした。体は大きいのだけれど、声が小さくてかわいらしいしゃべり方をする。「どんくさい」と馬鹿にされて、小学校では随分、いじめられたようです。

Hくんは英語が大好きです。みんなが帰ってしまった放課後や部活が終わったあとなどには、職員室前の机で英検の勉強を黙々としていました。教室で嫌なことがあると、決まってここで勉強をしています。そんなHくんを、教員や通りかかった生徒たちが励まします。

Hくんは居場所を見つけて変わっていきました。Hくんが変わったというより、そんなHくんを周囲が「認めた」のかもしれません。

卒業式の前日、久しぶりにHくんが私の所にきました。Hくんは廊下を卒業し、3年生の頃は普通に教室で学ぶようになっていました。

「先生、ぼくにモテ期がきたんです」

聞いてみると、「Hくんってトトロみたいでかわいい！」と言って、同級生の女の子が何人も、抱きついてくるんだそうです。実際Hくんはちょっとぽっちゃりしている。そういうHくんを、「どんくさい」じゃなくて、「かわいい！」と捉えることができる。Hくんという存在によって、実は周囲の子たちが成長し、「相手の良さを評価できる」ようになっていたのです。

同じく廊下の常連のＩさん。彼女は、小学校５年生の時に不登校になりました。

Ｉさんは中学受験を目指して大手の塾に通っていました。塾から試験の成績がなかなか上向かないことを叱られ、同じ頃、家庭でも問題が発生しました。負担が２つ重なり、Ｉさんの心が折れてしまったのでしょう。塾にも学校にも行けなくなり、部屋に引きこもってしまいました。

桜丘中学校には、３年生の高校受験間際に転校してやってきました。

勇気を出して学校に来ました。でもすぐには教室には入れません。

ところが同じように教室に入れず廊下にいた子たちが、Ｉさんを温かく迎えました。男の子たちも関係なく、あれやこれや話しかけている。お互いにコミュニケーションが苦手な子たちなのに、「廊下」という特別な空間があったおかげで、すっかり打ち解け合っていました。

まだ、教室には入れませんが、職員室前が彼女の教室です。受験勉強は順調に進んでいるでしょうか。

中学生の10人に1人が不登校傾向

現在、不登校は大きな社会問題になっています。

中学校の不登校生徒数は、全国で10万8999人。これは生徒数の約3・25%です。その数は年々増加しています（文部科学省「平成29年度 児童生徒の問題行動・不登校等生徒指導上の諸課題に関する調査結果について」）。別の調査では、「不登校傾向にある中学生」は全体の10・2%、約33万人に上ることがわかっています（日本財団／2018年「不登校傾向にある子どもの実態調査報告書」）。中学生の10人に1人が、「不登校傾向」にあるのです。

文科省はその対策として、保健室や相談室等の教室以外の学校の居場所を積極的に活用することを推奨しています。登校時間を区切らないことは、文科省の不登校の対策でもあるのです。

桜丘中学校では、「教室以外の学校の居場所」が職員室と校長室の前の廊下になりました。保健室や相談室だと、ほかの教員や生徒たちから見えなくなってしまいますが、職員室と校長室の前の廊下は、誰からもオープンな「居心地のいい空間」です。これだと、顔が見えます。

ただ、廊下の席を授業中も教室に入れない子や不登校だった子が使うようになると、

「なんであいつだけ許されるんだ」と口にする子が出てくるのです。

そうした不毛な批判で、せっかくの居場所が奪われるのは悲しいことです。そこで、全校生徒にこう伝えました。

「君たちもそうしたいなら、授業中に廊下に出てもいいんだよ」

「いつでも誰でも利用できるスペース」です。学校に来ても教室に入れない不登校傾向にある子たちのためだけにあるのではない、ということを周知徹底しました。実際、高校の定期テスト前には卒業生が廊下の机で勉強をしていることもあります。

「授業中に廊下に出ていい」としたことで、入学当初は面白がって廊下の席にやってくる子もいます。でも毎日そこにいてごらんなさい。これはこれで、結構しんどいのです。冷暖房がない廊下は、夏の気温は35℃、冬は5℃にもなります。

ほかのみんなは教室にいるので話もできません。みんなが何をしているのかも気になります。教室にいるのがつらいのでなければ、廊下のほうがつまらないわけで、廊下にいる必然性のない生徒は、自然に教室に戻ります。

不登校の問題を抱えていた子たちの中には、「廊下」という居場所ができたことで、学校に来られるようになった子もいます。

授業に全部出られなくても、学校にだけは来られる。そんな子が廊下にいて、自分が出られそうな、あるいは出たいと思う授業に出て、また廊下に戻ったりしています。衝動性のある子も、自分で「危ないな」と思ったら教室から廊下に出て、そこでクールダウンする。そんな場所にもなっています。廊下を経て、教室に復帰した生徒もたくさんいます。「いつでも廊下にいていい」というのが安心材料になっているのです。

この感覚はなんとなくわかりますよね。「授業中、教室に必ず50分間いないといけない」と言われるより、「いつでも廊下に出ていい」と言われたほうが、安心して教室で過ごせるのです。

そもそも、どんな子にも、毎日いろいろなことが起きています。家族や友人との間で大変なことがあり、授業どころではない日もあるでしょう。それなのに教員が判で押したように「授業に出ろ」「集中しろ」でいいのか。生徒ひとりひとりを見て考えていくことが必要だと思うのです。

チャイムもいらない

桜丘中学校では、登校時間も自由です。

これは、不登校の子どもたちに合わせているからです。不登校に悩む子たちの中には、

「8時半までに学校に来なさい」

と言われると、それだけで足がすくんで、学校に来られなくなってしまう子がいるのです。また、「遅刻するぐらいなら、休んでしまえ」と思う生徒も多いのです。その心的負担を取り除くために、2018年度から登校時間も自由にしました。

「きみだけは、8時半に来なくていいよ」

とする代わりに、生徒全員にそれを認めたのです。

もちろん、授業開始時間は決まっています。8時25分が始業。朝学活などを経て、8時55分から1限の授業が始まります。

では登校時間を自由にしたことで、遅刻する生徒が増えたのでしょうか？

そんなことはありません。「学校が楽しい」と思ってくれているので、多くの生徒がそれまでどおり、始業までに登校してきます。あえて意図的に遅刻したり、授業をさぼったりする理由がないのです。

登校しづらい子が8時25分を過ぎてやってくることがありますが、決まりを破っているわけではないので、それを咎める同級生も教員もいません。登校先は廊下かもしれませんが、堂々といられる居場所が、学校にできたのです。

同じように8時25分を知らせる朝の音楽が鳴る以外、授業開始のチャイムも終了のチャイムも一切ありません。

これは、フィンランドに視察に行った教員から聞いたのですが、フィンランドの中学校の教室には、ノイズキャンセリング・ヘッドホンが10個ほど用意されているのだそうです。このヘッドホンをつけると、周囲の雑音がある程度カットされます。音に過敏な子は、ヘッドホンがあると助かるのです。フィンランドでは、個別の作業をする時に落ち着かない子は誰でも使うことができる。これは優れたユニバーサルデザイン教育です。

発達障害の多くは、感覚過敏に悩まされています。最近こそ話題になることも増えてきましたが、一般的にはまだあまり知られていないため、教員のみならず、親も、そして本人さえも、自分が感覚過敏であるということがわからず、生きづらさを分かち合えないことも多いのではないかと思います。

特定の素材に肌が拒否反応を示したり、他人に触れられることを極端に嫌がったりする「触覚過敏」はその代表です。制服を着ると体がかゆくなるという生徒の例は、「触覚過敏」の一種でしょう。ほかにも、視覚過敏、味覚過敏、嗅覚過敏といろいろあります。

その中に、聴覚過敏があります。聴覚過敏の人は、特定の音に過剰反応したり、多くの人にとって気にならないような音が耐えられなかったりします。運動会のピストルの音も苦手です。そんな聴覚過敏の生徒にとっては、毎日のチャイムは耐えがたいのです。

これは私も感覚としてわかります。

私は絶対音感の持ち主ではありませんが、チャイムのピッチがずれていたりすると、気づいてしまい、落ち着かなくなってしまうのです。小さい頃からそうで、チャイムの音がずれていると、家に帰るまでずっと、頭の中でキンコンカンコンと鳴り響いていました。いつまでも耳に残ってしまうのです。現在は電子音なので、ピッチがずれることはなくなりました。趣味としてスピーカー作りにはまっているのですが、元を正せば、音に対するこだわりが高じているのかもしれません。

聴覚過敏とまではいえない私ですらそうなのですから、実際に聴覚過敏の子は、どれほど大変でしょう。だったら、その子たちに合わせて、チャイムもなくしてしまえばどうだろうか。そう考えました。

ただしこれは、ADHDの子にとっては大変です。

ADHDの多くは、時計を読み取ることが苦手です。時間管理も上手ではありません。そういう子どもたちは、チャイムに合わせて行動すればいいので、チャイムがあったほうが楽なのです。

しかしこうした子たちもまた、社会に出ます。社会ではチャイムは鳴りません（最近は一部の大学で、チャイムが鳴っているようですが……）。だから社会に出た時に苦労してしまう。ならば、中学校で訓練するのもプラスになるのではないかと考えました。

もうひとつは、チャイムをなくすことで、「考える力」が養われることを期待しました。これは全生徒にいえることです。チャイムや指示を待って行動するのではなく、時計を見て自分で判断して行動してほしかったのです。

生徒総会の改革

実はいま、子どもたちが「自分で考え、行動する」ことが難しくなっています。学校教育の現場で、ルールに従わせることばかりに汲々《きゅうきゅう》としてきたツケかもしれません。

ではどうしたら、自分で考え、行動できるようになるのか。

それには「自分で考え、行動した」時に得られる成功体験が必要です。そこで生徒総会をその機会と捉えました。

日本では「しゃんしゃん総会」という言葉があるように、企業の株主総会は、質疑応答や議論などがなく短時間で終了することが良いとされてきました。考えてみればこれはおかしなことで、本来総会は、その団体の意思を決定する議決機関のはずです。それなのに主催者も参加者も、意見を交換し合うことを放棄しています。

中学校の生徒総会もそうです。大半の学校で形骸化しています。生徒から意見が出ることはほとんどなく、仮に出たとしても、結局、実施できるかどうかは、教員の判断になってしまう。これでは、生徒も「意見を出してみよう」ということにはなりません。

私はこういう形式的な生徒総会が大嫌いです。

そこで私は、生徒たちに向かって約束しました。

「生徒総会で決まったことは、必ず実現させます」

生徒が総会で決めた「より楽しい学校生活の実現のためのアイデア」は、危険や触法性がない限り、実現に向けて教職員とともに努力することを誓ったのでした。

実際、現在の服装の自由化は、２０１３年に生徒総会で決まった「カジュアル・スタイル・デー」がベースになっています。本当に実現するんだとわかったことで、生徒総会は活発になりました。

たとえば２０１８年の生徒総会では、以下のことが議決されました。

（１）体育館の冷房
（２）校庭の芝生化
（３）自動販売機の設置

（4）定期テストをやめる

どれもこれも、なかなかの難題です。しかし約束は守らなければなりません。

実現した体育館の冷房化

体育館冷房化なんて、予算のことを考えたらできるわけない。他校では、こう一笑に付されてしまうでしょう。たしかに、総会で議決されても実現できないことはあります。しかし、最初から「無理だ」というのは約束が違います。なんとか手立てはないか。その努力をして、それをみせることも必要なのです。

まずはダメ元で、区に陳情しました。すると偶然、区のほうで小中学校の体育館冷房化を計画していました。「生徒総会で生徒たちから要望があった」ということも大きく働いて、「では桜丘中学校から設置しましょう」とトントン拍子に事が進みました。

校庭の芝生化は、教員たちが各所に問い合わせたら、都の教育委員会が「すべての児童・生徒に芝生を！」というスローガンを掲げて、校庭芝生化事業を推進していることがわかりました。これで目処が立ちました。

ところが詳細を詰めていくと、芝生を張る場合、芝生の養生の期間が2か月ほど必要だということがわかりました。そうしないと芝生が根付かないのです。すると野球部やサッカー部が「それは困ります」という。グラウンドでの練習が丸々２か月、できなくなるからです。

全面に芝を張るのが無理ならどうするのか。ここはバスが入ってくる、ここは一日中日陰だと、いろいろ検討した結果、校庭の北西側の一部だけが芝生になりました。面積にして180平方メートルとわずかです。

これも社会勉強です。生徒全員が芝生化を賛成したのに、いざ実行しようとするといろいろな人の都合や利害が絡んでくる。こういうことを学べただけでも大きな意義がありました。

自動販売機の設置はというと、道半ばです。

公立学校の電気代を使って業者が商売する、というところのクリアが難しく、頓挫しています。現在、電気代をＰＴＡで負担することはできないかなど、いろいろな方策を探っているところです。それでも実現できなかった場合は、生徒に謝罪するほかありません。

定期テストが子どもを追い詰める

定期テストをやめる。これも難題です。普通の中学校ではあり得ません。

でも正直なことをいうと、「本当にいまの定期テストでいいのだろうか」と、以前から考えていました。

100点満点のテストでいい点をとるためには、中間考査なら5教科、期末考査なら9教科、これだけの教科の準備をしなければなりません。これは誰でも大変です。しかも定期テストが成績に直結しますので、高校進学など自分の将来にも関わってくる。大きなプレッシャーです。

実際、テスト前になると、テストが不安で学校を休んでしまう子、不安定になる子、終わったら終わったで返ってきた自分の点数を見て落ち込む子、結果に自信をなくしてしまう子……そういった子をたくさん見てきました。特に保護者から過度に期待をかけられ、圧力をかけられている子はかわいそうです。

いま、日本の子どもたちの〝自己肯定感の低さ〟が問題になっています。

日本、韓国、アメリカ、イギリス、ドイツ、フランス、スウェーデンの計7か国の満13～29歳の若者を対象とした意識調査があるのですが、「自分自身に満足している」と答えた日本の若者は、半分に満たないのです（45・1％）。その他6か国は軒並み7割を超え、最も高いアメリカは86・9％です（内閣府「平成30年度 我が国と諸外国の若者の意識に関する調査」）。日本の若者の自己肯定感の低さは、世界の中でも突出しているのです。

ではなぜ、ここまで自己肯定感が低いのでしょうか。

定期テストはその要因のひとつだと考えます。点が低ければ自分で自分を責め、教員からも親からも責められるのですから、自分を肯定しようがありません。

定期テストを廃止する代わりに、10点のテストを10回に分けて実施して、合計で100点満点にしたらどうだろう？　こんなアイデアが浮かびました。

くわえて、世田谷区の教育委員会が世田谷区全校で「eラーニング」を導入するという情報が入ってきました。eラーニングとは、子どもたちが家庭や学校のパソコンで勉強し、その様子を、担任も共有することができる仕組みです。eラーニングと10点のテストを紐付ければ、子どもはきっと勉強するのではないか。

定期テストの問題点はほかにもありました。

定期テストと部活の公式戦が重なる子たちが、少なからずいるのです。公式戦に向けて、みんなヘトヘトになるまで練習します。そしてそのあと、さらに定期テストのための勉強をしなければなりません。大変な負担です。

さらに塾の問題もあります。

塾の中には、まるで「競馬の予想屋」のように、定期テストの予想問題を作成するところがあるのです。桜丘中学校の近くだけでそういう塾が3つありました。予想の当たる確率はだいたい7割です。つまりそういった塾に通う子どもは、それだけで7割ほどの点を確保できてしまう。これでは定期テストの意味をなしません。

こんなふうに考えていたところに、本当に偶然、生徒総会で「定期テストをやめる」という提案が議決されたのです。

定期テストをやめる＝学力向上

桜丘中学校では、生徒との約束を守り、２０１９年の新年度から中間考査や期末考査といった定期テストを廃止しました。

これは新聞や雑誌などでも取り上げられ、話題になったのですが、逆にそのことで、苦言も多く寄せられました。

実は10点のテストを10回の小テスト（積み重ねテスト）に分けて実施することは、２つの大きな意味を持っていました。

ひとつは、「学力の向上」です。

定期テスト廃止を批判する人のほとんどが、それによって学力が落ちると考えていますが、それは違います。

こんな生徒の声があります。

「単元ごとに勉強できるので点数がとりやすくなりました。でも定期テストに比べて出題範囲が狭いといっても、勉強するとなると時間がかかります。勉強時間が前より増えました」（3年男子）

「テストは簡単だけど、毎週3回あるから、勉強量が多すぎる。再テストを入れると、週6回じゃないですか。言ってみれば週6でテストしているわけだから大変。なんだか、ダマされた気もする……」（3年男子）

定期テストの時は、テスト期間中の一週間勉強すれば済んだものが、小テストになったことで、テストに向けた勉強の時間が増えたのです。当然ですね。

これは狙いでもありました。

常にテストがある状態なので、家で勉強するのがクセになり、高校に入った頃には、毎日勉強する習慣が身についているだろうと考えたのです。また、学んだことをすぐにテストで確認できるので、学習定着率も上がります。「学力の向上」というのはそういうことで、実際、目に見えて生徒全体の成績が上がってきています。

また、積み重ねテストには、ある工夫がされています。敗者復活の仕組みです。

1回目のテストの結果に満足できなかった子は、自己申告で同じような内容の小テスト（チャレンジ・テスト）をもう一度受けることができ、良いほうの点数を採用してもらえます。ただし教員は、1回目の小テストと敗者復活の小テストの2種類を準備しなければなりません。チャレンジ・テストは大変だから実施しなくてもいいよ、という私に「やります！」と目を輝かせて答えてくれた教員方、頼もしかったです。

小テストを行うもうひとつの大きな意味は、発達障害の子どもの存在です。

これはユニバーサルデザイン教育の手法のひとつなのですが、50分の授業を50分ひとまとまりの授業と考えず、細かく10分に区切って、5つのスモールステップで考えるのです。そうすると子どもの内容の理解度が格段に高まります。テストも同じで、100点満点のテストは難しくても、10点のテスト×10ならば対応できるというわけです。

文科省は、発達障害児に対し、「合理的配慮」をするように学校側に求めています。柔軟に対応しなさいよ、ということです。定期テストを廃止して、小テストにすることは、発達障害の子どもたちに対する合理的配慮でもあるのです。

宿題もいらない

小テストがある代わりに、桜丘中学校には宿題が一切ありません。

宿題がない理由は明快です。宿題を出しても、あるアメリカで行われた調査にもあるように、学力は上がらないのです。また、ワークや問題集のように、同じレベルの宿題を全部の生徒にやらせることはナンセンスです。宿題を出すのであれば、それぞれの生徒のレベルにあった宿題を出すべきです。強制して宿題をやらせても嫌々やるだけで、モチベーションが上がらないので、なかなか成果が出ないのです。塾や習い事に通っている生徒も多く、そうした生徒は塾の宿題もこなさねばならず、これでは息つく暇もありません。

その代わりに積み重ね形式の小テストがあるのです。小テストなので、ちょっと勉強すれば、結果が出ます。テストに向けて自分から進んで勉強することが、当たり前になっていくのです。こうなれば宿題は必要ありません。

先日、ある有名私立女子中学校の生徒数名の訪問を受けました。桜丘中学校に宿題がないことを知り、その調査をしたいというのです。

話をしてみると、理路整然としていました。

この子たちは「宿題は邪魔だ」と思っているのです。宿題をしなくても勉強ができる子はできる。できない子はできない。また、自分で勉強をがんばろうと思っている子にとっては、宿題は時間をとられてしまうだけ。宿題が意味をなしていない、という主張です。

感心したのは、まず最初に「宿題のない学校」のデータを収集しようとしたことです。桜丘中学校の生徒数人に取材し、「宿題がなくても勉強している」というコメントを引き出していました。こうしたデータを積み重ねて、交渉材料にしようと考えているのでしょう。他校の生徒ながら、こうした自主的なアクションを頼もしく思いました。

ちなみに、この女子中学校の校則は細かく、たとえば服装に関しては、

《皆さんの制服姿は、伝統ある○○女子学院の「顔」です。生徒としての誇りを持って、美しく着こなしてください》

とあり、細部にわたって決められています。

この女子中学校の生徒に聞いてみると、「校則に不満はありません」という答えが返ってきました。納得して自分でこの学校を選んだ、ということなのでしょう。

高校受験というストレス

実は小テスト（積み重ねテスト）のほかに、もうひとつのテストを用意しました。これは、「高校受験」を見据えてのものです。

小学校と違って、中学校特有の難しさは、「受験」にあります。小学校における公立中学校のような、誰でも受け入れてくれる受け皿が中学生にはありません。公立中学校の生

徒は、入試というストレスに常にさらされているので、その不安を取り除いてあげることも必要なのです。

小テストが学力を向上させてくれることはわかりましたが、必要悪ではありますが、ある程度の受験テクニックも教えなければなりません。そこで、民間の作成した受験に模したテストも実施することにしました。

この模試は、受験のフォーマットで作られていますので、生徒はこのテストを受けることで、受験テクニックを学ぶことができます。1、2年生は、学期に1回ずつの年3回。3年生は年7回、受けることになります。ただし、このテストでの結果は成績とは無関係にしました。あくまで受験練習用です。いわば腕試しというところでしょうか。

なぜ勉強するのか

「何のために勉強をしなければならないの？」

私が現役教員の頃は、子どもからこんな質問が出るたびに、ひとり落ち込み、反省していました。だいたい、授業中にこうした質問が飛び出す背景には、「授業が面白くない」という事実があるのです。子どもはそれを、遠回しに突きつけています。授業自体が面白ければ、その目的など子どもたちが聞いてくるはずがないからです。

とはいえ、質問には答えてあげなければいけません。そんな時は、こう答えていました。

「悪いやつに騙されないように勉強するんだよ」

世の中には頭がいい人がたくさんいます。そして頭がいい人が善人である保証はありません。人を騙してお金を儲けようとする人。人を騙して出世欲や権力欲を満たそうとする人。頭の良さをこうした悪さに利用する人も少なくないのです。騙されないようにするには、論理的な思考力や批判的な精神はもちろん、常識を下支えするための基本となる知識が必要になります。

勉強するもうひとつの意味は、差別意識をなくすことです。

ヘイトスピーチの多くは、無知であることからきています。正しい知識がないばかりに、必要のない差別意識を抱いたり、マイノリティ――少数の人たちや外国の方に敵意を持ったりするのです。正しい知識から差別意識は生まれません。


テストの成績でいえば、桜丘中学校の生徒たちは、入学直後の中学1年生の頃は世田谷区内で平均以下のこともありますが、2年、3年と学年が上がり、クラスの雰囲気が落ち着いていくのと比例して、成績も上がっていきます。難関校への進学率も高く、生徒たちの自主性に任せていることが、成績アップにもプラスに働いているようです。

非認知的能力とは

学力をつけることは大切だと思いますが、その一方で、ペーパーテストでは測ることのできない能力にも注目しています。

いわゆる「非認知的能力」です。

簡単にいえば、学力などテストなどで測ることができる力を「認知的能力」といい、逆にテストなどで測ることのできない力を「非認知的能力」といいます。

非認知的能力をより具体的に説明すると、「自己に関わる心の力」（自尊心、忍耐力、動機付け、自己効力感、達成目標など）と「社会性に関わる心の力」（共感性、向社会性、感情知性など）とに分かれます。最後までやり抜く力やコミュニケーション力も「非認知的能力」といえるでしょう。

なぜ「非認知的能力」に注目しているかというと、この能力が将来の社会的地位や収入にも直結することがわかってきたからです。

ノーベル経済学賞を受賞したジェームズ・J・ヘックマン教授の著書『幼児教育の経済学』（東洋経済新報社）によると、低所得の家庭を対象に、「非認知的能力」を高めるための教育を受けた子どもたちと、そうでない子どもたちを追跡調査した結果、40年後には歴然とした差が出たというのです。前者のグループは、成人後に社会的成功を収めた率が圧倒的に高かったのです。

これはどういうことでしょうか。

これまでは、世帯間格差が問題視され、親の収入が子どもの学力と比例すると考えられてきました。

たとえば、東京大学の学生に対して行われた調査では、親の世帯収入の平均は918万円です（東京大学「学生生活実態調査（2017年）」）。一方で、一般家庭の平均収入は、「児童のいる世帯」で743万6000円（厚生労働省「平成30年　国民生活基礎調査」）。年間約174万円もの差がついています。さらに親の世帯収入が1050万円を超えている東大生は2割を超えており、「親の収入が子どもの学力と比例する」といわれる根拠になっています。これは世界的にも同様の傾向となっています。

ところが、ジェームズ・J・ヘックマン教授の研究結果は、別の可能性を示唆しています。親の収入ではなく、親（や教員ら）の子どもに対する関わり方こそ大きな影響があるというのです。実際、同じ東大の調査をみてみると、年収450万円未満の層も3割を超えています（32・9％）。この額は、「全世帯」の平均収入551万6000円をも下回っています（同「平成30年　国民生活基礎調査」）。もし本当に、親の収入が子どもの学力と比例するならば、年収450万円未満の層が3割もいることの説明がつきません。

「非認知的能力」を高めることができれば、親の収入という子どもにはどうしようもできない壁を、乗り越えることができるということです。

ではどうすれば、「非認知的能力」を高めることができるのでしょうか。

わかっていることは、次の通りです。

・子どもが言うことを否定しない。
・子どもの話を聞いてあげる。
・子どもに共感する。
・アタッチメントなど子どもとのふれ合いを積極的に行う。
・能力ではなく、努力を褒める。
・行動を強制しない。

子どもを押さえつけるのではなく、愛情をかけるということです。こうしたことは、普通の家庭でも実践できます。そしてそのことが、子どもの将来に直結しているのです。

「非認知的能力」を高める教育は、幼少期ほど効果があるといわれていますが、私は中学生にもこうした教育がプラスになるのではないかと考えています。実際、いま並べた実践例は、どれもいま、この桜丘中学校で行われていることです。

課題を投げ出しがちだった子どもや人間関係にうまくいっていなかった子が、桜丘中学校の3年間を経て、それぞれ、最後までやり抜く力やコミュニケーション力を身につけた例をいくつも見ています。

チャンスは逃さない

Jくんがまだ1年生の時、学校見学に来校した小学6年生の保護者が、Jくんらを見て、こう口にしました。

「桜丘中はこんなに荒れているんですか！」

その年、初めての学年主任を担当した彼女は、そんな批判を耳にしました。

「こんないい子たちなのに……そんなひどい子呼ばわりされたんです」

赤い目をしてそう訴えました。学年主任は、本当に子どもたちのことが好きでした。授業中は寝てばかりで、通り過ぎる女性の教員には「クソババア」と、いつも不機嫌なJくんにも、愛情をかけて接していました。

『中学生「東京駅伝」大会』という東京都の中学生を対象とした区市町村対抗の駅伝競走が毎年2月に開かれます。運動の得意なJくんは予選会を見事に突破、世田谷区代表選手に選ばれました。

これはチャンス！

私と副校長で応援に行ったのですが、会場の味の素スタジオに着くと、何と学年全員の教員たちが応援に来ていました。沿道から応援していると、Ｊくんがみるみる近づいてきます。そして、沿道から声援を送っている私たちに気がつくと、ちょっと照れるように微笑みました。Ｊくんの足が突然ぐんと前に進みました。そのあと、順位を聞いてびっくり。突然のサプライズ大応援団に奮起したＪくんは、なんと５人抜きを達成したのです。

Ｊくんにとって駅伝大会は「自分は先生たちからきちんと愛されている」ということを確認する機会になりました。入学以来、Ｊくんに声をかけ続けていた教員たちの優しさに、突然気づいてしまった。

先生は敵じゃない。学校は牢獄じゃない。みんなは自分を阻害したりしない。

Ｊくんは徐々に、心を開いていきました。

このあと、Ｊくんは見違えて変わっていきます。

いいえ、「変わった」という言い方は正確ではありません。Ｊくんは本来の自分を取り戻したのです。むしろＪくんは小学校の時、周囲から叱られ続けたことで、自分を見失っていたといえます。素の自分を出せなくなっていた。Ｊくんは反抗したくてしていたわけではなく、そうせざるを得なくなっていたのです。しいていうなら、Jくんが「変わった」のではなく、Jくんを見る、周囲の目が「変わった」のです。

中学3年生の時のJくんの話が忘れられません。

「先生、オレ、朝起きたら、すげえ勉強ができる秀才になってる夢をたまに見るんだよ」

Jくんが本来持っている自分を取り戻したから、こんな夢を見たんじゃないか。私にはそう思えてなりません。

授業中に寝ていても起こすな

Jくんに対し、「絶対に叱らない。愛情を持って接する」という方針で臨んでいましたが、読者の中には「授業中に寝ていても叱らなかったのか」と疑問に思う方がいるかもしれません。

桜丘中学校の生徒に尋ねたら、きっとキョトンとすることでしょう。なぜならば、「授業中に寝てもいい」ということになっているからです。

これにはいくつかの理由があります。

仮眠の有効性は、科学的に証明されているのです。実際、アップルやマイクロソフト、グーグルのような世界をリードする企業が、仕事の合間の「仮眠」を推奨しているそうです。

ＮＡＳＡ（アメリカ航空宇宙局）が行った仮眠の実験によると、宇宙飛行士に昼間26分間の仮眠をとらせたところ、認知的能力が34％、注意力が54％も向上したといいます。

一方で、教員たちにはこう伝えています。

「授業中に寝ている子どもがいたら、起こさずにそのまま寝かしてあげなさい。もし、自分の授業で寝られるのが嫌だったら、起きていたくなるような面白い授業をしなさい」

私自身、理科の教員時代は、寝ている子がいると気になりました。「つまらない」と指摘されているようなものだからです。その子に対して「起きろ！」とやらない代わりに、大きな音の出る実験をするとか、いろいろな工夫をしました。

ここまで説明しても、「生徒が授業中に寝るのはおかしい」と憤る人がいるかもしれません。でも、周囲を見渡してください。会社での会議中、寝ている人はいませんか？　国会で寝ている議員もいますよね？

先日、ある校長会の研究発表会があったのですが、出席者の半分近くの方が寝ていらっしゃり、お疲れの様子でした。いくら疲れているからといえ、日頃、生徒たちに「授業で寝るのはけしからん」と言っているのがちょっと恥ずかしいですね。生徒はダメで教員は

OK、というのでは理屈になりません。だったら「授業中に寝てもいい」としたほうがスッキリするのではありませんか。

私もいろいろな研修で講師を務めることがあるのですが、その際は、こう言うようにしています。

「今日お集まりの皆さんは、過酷な労働でお疲れのことでしょう。これからつまらない話をしますので、皆さん、どうか寝てください」

不思議なもので、こう言うと皆さん、寝ないんですけどね。

IQが高すぎるという不幸

Kさんという子がいます。非常に優秀な子で、5教科はオール5です。

この子は授業中、滅多に寝ることはないのですが、その代わり授業中にいつも本を読んでいます。教員からすれば相当なプレッシャーです。つまらない授業は聞いても仕方がない、と思っていることが明白だからです。しかもテストをすればほとんど満点なのですから。

Kさんのような子も、同じ理由で叱ってはいけないと思っています。ではどうするか。教員は、本より面白い授業を提供するしかないのです。そういう努力を放棄して、もし本を取り上げたとしたら、それは傲慢であり、教員の怠慢です。

Ｋさんは I Q（知能指数。平均値は１００）の非常に高い子です。これまでの学校教育では、「勉強のできる子」は放っておかれたところがあります。でも見ていると、Ｋさんは K さんで、生きづらさを感じている。頭が良いということは、人よりもある部分で「突出している」ということですから、やはりいろいろな場面で生きづらいのです。人間関係でも悩みが多いように見受けられます。

Ｋさんはいま、映画作りに夢中です。映画用の大型カメラや編集にも興味を持っています。学校の生活になじめないＫさんにも、桜丘中学校の３年間を楽しんでほしいと切に願います。

「楽しさ」はひとつではありません。

学校で本当の自分を出していいんだと安心できることも、楽しさにつながります。

教員や友だちとの充実した人間関係も楽しさのひとつでしょう。

部活の楽しさもあれば、放課後の楽しさもあります。

校則がなくて、自由に伸び伸びできる楽しさもあるでしょう。

行事に楽しみを見いだす子もいるだろうし、「満点をとった！」という達成感の楽しさもあります。

何でもいいのです。

子どもひとりひとりの個性が異なるように、「何が楽しいか」を決定するのは、校長でも学校でも教員でもなく、子どもなのです。５４５人の生徒がいたら、５４５通りの「楽しさ」があるのです。でも５４５人全員に、「学校に行けば何か楽しいことがある」と思ってほしいのです。

これが私の考える「どんな子でも3年間楽しく過ごせる学校」です。

第3章

子育ては15歳まで——親と子の関係

私には誇るべき教育理論がありません。

大学も理工学部で、教育学部ではありません。大型コンピュータの時代、工作や機械いじりが好きで、人づき合いが苦手だったので、大学の頃は「就職するならコンピュータ関連の企業だ」と勝手に決めていました。

ところが１９７３年に始まったオイルショックの影響もあって、当時工学系の採用人数が極端に少なかったのです。

ふと、高校時代に印象深かった富士ゼロックスのテレビＣＭを思い出しました。元ザ・フォーク・クルセダーズの加藤和彦が、「ＢＥＡＵＴＩＦＵＬ」と書かれた白い紙を掲げて銀座の街を歩くという、ちょっと不思議なＣＭです。キャッチコピーは「モーレツからビューティフルへ」。

その頃から、大企業の歯車ではなく自分として生きたいとの思いがありました。寅さんのようにお金はないけど暇はある。自由な時間を持つことが「ビューティフル」だと考えました。「そうだ、教員には夏休みがある！　自分の好きな時間を過ごせるに違いない」――単純な発想ですね。私は教員を志望し、１９７９年に都の教員として採用されました。

最初に配属されたのは、当時はまだ「養護学校」と呼ばれていた特別支援学校です。そこに３年在職しました。肢体不自由の子どもたちが通っていて、この子たちの多くは、自分で食事もできなければ、排泄もできませんでした。

最初の1年は、どうしたらいいかわかりませんでした。そもそも人付き合いが苦手だったので、子どもとどう関わっていいかわからない。結局、腕を組んでじっとほかの教員たちがやることを見ているだけ。特に人前で歌を歌うなどしたことがない私には『手のひらを太陽に』を毎朝、しかもお遊戯をつけて歌うなどできるはずがありません。そのような私が、どうやって子どもたちとしゃべれるようになったのか。

実は養護学校の子どもたちに教えてもらったのです。

養護学校の子にとっての「一日の重さ」

養護学校の子たちは、いろんなことができません。うまくしゃべれない子もいる。でも、必死にコミュニケーションをとろうとしている。初めは何を言いたいのかまったくわかりませんでしたが、一生懸命な顔の表情や手を振る仕草で、何とか気持ちが通じ合うのです。

そうか、相手がわからないとしても、まず言葉を発してみればいいんだ。必死で伝えようとすれば、伝わるかもしれない。そう思ったら気持ちが楽になって、それからは子どもたちにとけ込めるようになりました。

3年後に、何不自由なくコミュニケーションがとれるようになったのには、自分自身がいちばん驚きました。人間の持っている本来のコミュニケーション力というのは素晴らしい。養護学校の子たちとふれ合って気づいたのは、子どもたちの多くが、

「お世話になっているから、きちんとしなきゃいけない」

と考えていることです。いつも車椅子を押してもらっているし、食べさせてもらっているから、自分はわがままを言ってはいけない。そんな遠慮があるのです。世間に対してどこか卑屈になっている様子がある。

でもそれっておかしいですよね？　自分のせいで肢体不自由になったわけじゃないのに、そのことで引け目を感じて、卑屈になるなんてどう考えてもおかしい。自分自身の人生を堂々と生きていってほしい。

よし、いい子にしていようなどと遠慮しないで「卑屈になる気持ち」をぶち壊してやろう。

まず、普通ならば危ないからいけないよと言われそうな体験を、みんなでやってみようということになりました。戦艦のプラモデルを作って、それをプールに浮かべる。仕掛けておいた火薬で爆発させると、子どもたちは声をあげて大喝采です。ほかの教員には秘密だよと人差し指を口につけます。子どもたちと秘密の共有です。破顔で笑う子どもたちを見て、私もついおかしくなって一緒に大笑いしました。

こんなことも行いました。当時はすでに卓上コンピュータが登場していましたので、これで簡単なゲームをプログラムしました。登場人物の名前は実際の子どもたちです。子どもたちは喜んで遊んでくれました。そのうち、6年生のある子は自分でも簡単なゲームを作れるようになりました。

自分にできること、自分の得意なことをやっただけです。でもそれが、いちばんダイレクトに子どもたちに伝わった。教員仲間からは「変な教員」と言われていましたが。教員だからといって「教員らしく」振る舞う必要はなかったのです。「素」の自分を出せばいい。自分が心から楽しめば、子どもたちも乗ってきてくれる。私は養護学校の子どもたちから、このことを学んだのでした。

しかし養護学校の子どもたちには、悲しい現実が横たわっていました。たとえば筋ジストロフィー。遺伝性の筋肉の病気で、徐々に筋力が低下していきます。やがて体を動かすことも、しゃべることもできなくなります。

普通、子どもたちは日に日にできることが増えていきます。でも筋ジストロフィーの子は違います。日に日に衰え、昨日まで歩けていた子が、歩けなくなる。残念ながら、早くに亡くなってしまう子もいました。

生きるとはどういうことでしょうか？

この子たちの人生が平均より短かったからといって、決して意味がなかったわけではありません。逆に短い分、そして自分の人生が人より短いと知っている分だけ、一日一日が大切です。とても濃密な人生です。むしろ、いままで何も考えずに漫然と生きてきた私のほうが、薄い人生だったのかもしれない。この時そう思いました。

養護学校の子どもたちにとって、ここで「楽しい3年間」を送ることは、何にも増して大切だったのです。

後に結婚をした妻も養護学校で勤務した経験がありました。

子どもができたとわかった時、妻と話をしました。

「もし、自分たちに障害のある子どもが生まれたらどうする？」

目と目でわかりました。これ以上、話し合う必要はありませんでした。

障害があろうがなかろうが、生まれてくる子は自分たちの子どもです。お互い、養護学校の経験があり、そこで出会った子たちの優しさや天使のようなピュアさを知っていた。

仮に障害があっても、かわいいわが子には違いありません。

これも、養護学校の子どもたちに教わったことです。

子どもは甘やかしていい

子どもが生まれた頃、子育てに関する本を山のように読みました。

その中で特に共感したのは、ルドルフ・シュタイナー（１８６１〜１９２５年）の本です。「シュタイナー教育」の提唱者なのですが、私なりの理解ですが、シュタイナーは人間を植物と同じだと考えているようです。

植物は、誰かに教えられて芽吹いたり、花を咲かせたりするわけではありません。あらかじめ、そのようにプログラミングされています。ただし、放っておいては育ちません。水や土、肥料といった環境が必要です。

シュタイナーは人間も同じと考えました。

人間の中には、本来、よく生きようとか、善人になろうとか、がんばろうとか、勉強しようとか、そういうものが備わっている。後から教え込んだからできる、ということではないのです。だから、あらかじめすべての子どもたちが持っている、よく生きようというプログラムが発動しやすい環境をつくってあげる。ちょと乱暴な説明ですが、これがシュタイナーの中心的な考えです。

私が子育ての参考にした本に『七歳までは夢の中―親だからできる幼児期のシュタイナー教育』（松井るり子著、学陽書房）があるのですが、要は生まれてから7年間は、しつけなどに汲々とせずに、感覚を大切に楽しくゆったりと育てればいい、ということです。

アメリカで3か月の短期研修をした時のことを思い出しました。

中西部で会った子どもたちなのですが、皆、のびのびとしていて、それでいて育ちがいい。聞くと、大自然の中で何不自由なく育ってきたというのです。ご両親も、子どもをきつく叱るということがありません。穏やかなんです。

この経験と『七歳までは夢の中』が重なりました。自分にできることは、子どもがのびのびと自由に、かつ安心して過ごすことのできる環境をつくってあげることなんだと。

『七歳までは夢の中』という言葉には、その年齢までは神と同じような存在だという考えがあります。

私の中で、養護学校の子どもたちの姿が浮かびました。この子たちは、実年齢は7歳を超えていましたが、たしかに神の子でした。神は不安定な存在です。7歳を過ぎてようやく人となるまでは、いつ消えてしまってもおかしくありません。だからこそ、慈しんで愛情たっぷりに育ててあげる。私もわが子が7歳になるまでは仕事をやりくりして、一緒に過ごす時間を確保することに努めました。

周囲からみると、甘やかしているように映るかもしれませんが、私はそれでかまわないと思います。思い切り甘やかしてください。子育てに「しつけ」は必要ありません。夢のような環境の中でほうっておけば、自然に学ぶ力が備わっている子どもは、自らの力で学びます。

これは現在の桜丘中学校の教育環境と一緒です。

親が子どもに対し、「ああやれ」「こうやれ」と過干渉になることは、子どもから考える力を奪ってしまいます。それだけでなく子どもはストレスで押し潰されそうになり、問題行動になって表れます。すると親は、さらに締め付ける。問題行動はますますひどくなる。負のイタチごっこです。特に、男親が過干渉であったり放任であったりすると、子どもの自己肯定感を下げるというデータもあります。

私たち親の役目は、社会のルールを教え込むことでも、よその子と同じように育てることでもありません。「安心できる環境」を与えてあげることだけなのです。

15歳での子離れ、親離れ

子どもが生まれて、もうひとつ決めたことがあります。

それは、「15歳になったら手を放そう」ということでした。

15歳は、中学校から高校に上がるタイミングです。子育ても終わりです。子どもは、もう自分のことは自分で「決定」しなければなりません。ここから先は、彼の人生だからです。私たち親にできることは、相談に乗ってあげること、必要なら資金援助をしてあげること、決断を尊重してあげることだけです。

世の中には、15歳まで生きられない子もたくさんいます。

この年まで無事に生きてきたことは、それだけで奇跡であり、幸せなことなのです。私たちはこの時点で、たくさんの幸せを子どもから受け取っているのです。これから先の人生でも、私たちに幸せをよこせというのは乱暴です。

「15歳になったら手を放そう」と決めた理由は、もうひとつあります。

親はどうしても、「子どもの面倒を一生みる」と思いがちです。赤ん坊の頃から育てていると、そう思ってしまうのかもしれません。しかし、たいてい子どもより先に親が逝くのです。子どもはそのあとも生きていかなければなりません。だったら「育てるのは15歳まで」と期限を切ってしまえばいい。時限的な子離れ・親離れが必要だと考えました。

すると逆転の発想で、「15歳までに何をこの子にしてあげられるか」と考えるようになりました。実際、高校生になると親の言うことなど聞きませんから、何か伝えるとしたら、中学生までなのです。

接し方もかわります。

だって「15歳で別れなければいけない」からです。

そう考えると、「教えてあげたいこと」よりも、豊かに育って欲しいという願いが優先されます。一緒に旅行したり、キャッチボールで同じ時間を過ごすとか、そこで生まれる豊かな感情や表現。私は同じ気持ちをわが子と一緒に経験できました。今でも、自宅のベランダから一緒に遊んだ多摩川が見えます。泥団子を作って並べ、今度は一つ一つ踏み潰してみた砂場。よじ登ろうとして落ちて泣いた鉄棒。一つ一つのオブジェに子どもへのその時の感情が重なります。

廊下でたき火

養護学校のあと私は、大田区の中学校に赴任しました。

私が教員になった1979年は、『3年B組金八先生』（TBS系）の放映が始まった年で、全国の中学校が荒れていた時代です。ご多分に漏れず、その中学校も荒れていました。春休みに、校長室に挨拶に出向きます。廊下を歩いていると、そこで「たき火」をしている生徒がいました。廊下で段ボールに火をつけているのです。

普通の感覚であったら「おかしい」と思うはずです。でも荒れ放題の当時は、「たき火しているんだ」と冷静に受け止めてしまいました。実際、注意する教員もいません。中学校はこういうものなのだと妙に納得しました。これが初日に受けた洗礼でした。本当のことです。

生徒が生徒を締め付ける

初めての中学校の日々は、私にいろいろなことを教えてくれました。意外にも、自分が生徒から好かれるということは発見でした。なぜか子どもに好かれるのです。特に個性的な子どもが寄ってきます。養護学校で学んだことそのままに、私は生徒たちと真剣に遊ぶようにして過ごしていただけです。

生徒たちにしてみれば、「変わったセンセイ」だったのでしょう。学生時代は人が苦手で、人見知りだった私が、すっかり生徒たちと談笑するようになっていたのですから、大きな進化です。

校内暴力が吹き荒れたこの当時は、中学校に入学してきた子どもたちを教員が力で押さえつけていました。ところが、2年生、3年生になると、そうもいきません。体も大きくなってくるので、力では押さえつけられない。結局、学年が進むと生徒は教員を馬鹿にするようになり、学校の荒れた雰囲気は継続していきます。

教員の言うことを聞かなくなった上級生は、下級生にも威張り出します。自分たちが力で押さえつけられ、学校生活を楽しめないので、なぜか下級生に対しては教員の代弁者になって、少しでも楽しんでいる下級生を見つけると、「調子に乗るな」と脅したりします。

文化祭で1年生が迷路を作ったことがあります。なかなかいい出来で、お客さんもたくさん入りました。ところが上級生はそれが気にくわなかった。楽しい企画はいけないのです。なんと「そういうことを学校でするのは許さない」と迷路を壊しに来たのです。

私はひとりで彼らに立ち向かいました。

数人の男子生徒から取り囲まれ、胸を蹴られてあばらにヒビが入りました。ちょうど風邪気味で、咳をするとそこが痛いのなんの。息が止まりそうでした。

この中学校で最初に受け持った卒業生とは、いまでも交流があります。今では、とうに50を過ぎていますが、集まると昔のままです。

実はこのクラスには秘密がありました。学校では、4月の新学期を前に、教員が生徒の性格や成績を見て、各クラスバランス良く生徒を配置していきます。しかしその年は、いわゆる不良や問題児といわれる生徒が多く、どの教員も自分のクラスで引き取ろうとはしません。そこで私は、男子の問題児全員を私のクラスで引き受けることにしました。なぜかほかの教員には任せたくなかったのです。

「ぼくが受け持ちます。その代わり、真面目で成績の良い女子を同じクラスにしてください」

その約束は守られましたが、私のクラスだけ、同じ学年のほかのクラスと引き離され、別の校舎に置かれました。やがてクラスの生徒らも学校の意図に気づいて、「何でおれたちだけ、こんな離れたところに追いやられたんだ!?」と激高して、ほかの教員が来ないようにと廊下にバリケードを張ったこともありました。

最初こそ、そんなこともありましたが、私の狙いは当たりました。

「○○くん、このままじゃ高校にいけないよ」

と女子生徒が親身になって、出来の悪い男子生徒にアドバイスを送るのです。さすがの不良も教員の言うことは無視するくせに、なぜか女子生徒の言うことはよく聞きました。【○○くんはこのままじゃ高校にいけないからみんなで勉強を教えようプロジェクト】なるものがあちこちで立ち上がって、結局、ほとんど全員が自力で高校に進学しました。

「あの生徒たちが?」と皆、驚いていたようです。

彼らとは、いまでも年に数回会いますし、「遠足」と称して、一緒にはとバスツアーに行ったりもします。いい年の大人たちが、会うと当時に戻って馬鹿騒ぎです。私はいまも当時と同じように「西郷」と呼び捨てにされますが、最近はちょっと見直されて「西郷先生」と呼んでくれるようにもなりました。

子どもが喧嘩しても叱らない

学校生活を送っていれば、喧嘩のひとつやふたつあって当然です。

私はそういう時でも、子どもを叱りません。

絶対にやってはいけないのは、子どもが納得していないのに無理に謝らせることです。こういう時、小学校では「どちらも悪いところがあったから、これで仲直り」と無理矢理握手させようとすることが多いのですが、私は反対です。

子どもにしてみれば、何か理由があるから喧嘩したわけです。反対に理由がなければ、それは単なるいじめ。安易に喧嘩両成敗すると、本質が見えなくなってしまいます。

ではどうすればいいでしょうか。

親ができることは、ただ話を聞いて「気持ちはわかった」と子どもを理解してあげることだけです。「良い」「悪い」の判断を親が示す必要もありません。こちらから仲直りの場を設けたり、謝らせたりしなくてもいい。喧嘩の事情を言葉にしているうちに、子どものほうで「悪かった」と思えば、進んで謝るでしょう。もちろん子どもから必要とされたなら、手助けは惜しみません。

ただし、相手を傷つけたりケガをさせたりした場合には、親は相手方にすぐ謝りに行くべきです。

その場合も、まずは子どもの話をじっくり聞きます。「自分は悪くない」と言っているのであれば、無理矢理謝らせてはいけません。その代わりこう言います。

「気持ちはわかったけれど、お前が手をあげたのなら、それは社会のルールに反することだ」

これだけ言って、親が相手の家に謝りに行けばいいのです。子どもはその姿を見て「お母さん（お父さん）に謝りに行かせてしまった」と思って、気持ちが変わるようになる。

こうした経験を経て「理由があっての喧嘩であっても、自分の正義だけを通そうとしては、大事な人を傷つけることがある」、という複雑な社会を理解するようになるのだと私は考えます。

これは生徒に対する時も同じです。

まだ私が教員をやっていた頃、自分のクラスにL子という女子生徒がいました。下級生に「カツアゲ」をしたり万引きをしたり、教員のネクタイを引っ張って首をしめてしまったりという子でした。一度は家出をして３か月も帰ってこないことがありました。若かった私は、夜遅くまで彼女がいそうな夜の繁華街や先輩の家の近くを探して回りました。まだ、そんな体力もあった頃です。

当然、いろいろな方面から担任の私に苦情の連絡が来ます。私はそうした際、被害にあった方達には、必ずひとりで謝りに行くことにしていました。

なぜかL子が謝る必要がないような気がしたのです。彼女を非行に突き動かしている何かはこの日本のいびつな社会であったり、複雑な家庭環境であったり、管理的な学校教育にあると思ったからです。だからL子に説教もせず、ただひと言、「先生が謝ってくるから」とだけ言って謝りに行きました。

どうなったと思いますか？

あんなにやりたい放題、誰の言うことも聞かなかったL子が、せめて私の話だけは聞いてくれるようになりました。その後、すぐに非行が収まるわけもなく、一緒に出られるのを楽しみにしていた卒業式直前に、L子はシンナーを吸って警察に保護されてしまいました。

今はどうしているのか、今でも気にかかる生徒です。

校長を目指したわけ

その中学校には10年いました。特に荒れていた中学校だったので、教員は異動希望者が多いのですが、私はなぜかこの学校が大好きでした。

とうとう異動しなければならない時が来た年の1月頃です。校長室で生徒の指導について校長と意見が食い違い、険悪なムードになっていた時です。品川区のある中学校の校長から電話がかかってきました。

「いま、一年生が荒れていて大変だから、西郷をうちにほしい」

と言うのです。私が10年も荒れた中学校でがんばっているのを誰かから聞いたようです。

目の前の校長が私に、「ちょうどいいから、電話に出ろ」と言います。

「うちに来ないか?」と電話口の校長。

「はい、行きます」と即答していました。

私はその中学校で、学年主任を任されました。まだ、30才そこそこの若造です。

「西郷、子どもと遊ぶのもいいが、遊んでばっかりじゃなくて、ちゃんと教員としての勉強をしろ」

かつての教え子のように「西郷」と呼び捨てです。恩師のこの校長からは口を酸っぱくして言われ続けました。

ことあるごとに、教育関係者や教育委員会の人にも引き合わせてくれ、私を売り込んでくれました。勉強会にも同行させてくれましたし、論文を書くようにも勧めてくれました。教育評論家の尾木直樹さんの講演会にも連れて行ってくれました。

30代の異動してきたばかりの若造に学年主任を任すのは勇気がいったと思いますが、私はこのことをきっかけに、勉強を始めました。これがなかったら、後に「校長になろう」と思ったかどうか。

いま、桜丘中学校では、若い教員にどんどん大役を任せるようにしています。それは、この校長に学んだことが大きいのです。

若い教員には「将来、管理職を目指しなさい」とも言い続けています。もし、自分が赴任した先の中学校で、いろいろなことに疑問を持って——たとえば桜丘中学校のように校則をなくそうと思っても、一教員ではなかなか難しい。校長でないと変えられないことは多いのです。校長でないなら、教育委員会でもいい。若い頃から授業や法律をきちんと勉強して、教育界を変えなさい。そして世界を変えなさい、と。

子どもたちの命を守るために

校長として、最初にどうしても実現したかったのは「Q―Uアンケート」です。

これは、早稲田大学教育・総合科学学術院の河村茂雄教授が開発したカウンセリング心理学に基づくアンケートです。現在、春と秋に「よりよい学校生活と友達づくりのためのアンケート（hyper―QU）」と「楽しい学校生活を送るためのアンケート（Q―U調査）」を行っています。

「クラスの仲のいい友だち」
「クラスの楽しさ」
「クラスの人からの賞賛」
「友だちとの会話」
「クラスの人からの無視」

こういった質問が並んでいます。これを生徒に5段階評価で答えてもらうことで、その子どもの学校への満足感やどんな援助ニーズがあるかわかります。

アンケート結果を、「学級満足度尺度」のマトリックスに落とし込みます。横軸は「被侵害得点」で、不適応感やいじめ・冷やかしなどを受けていると感じている度合いです。

縦軸は「承認得点」で、自分の存在や行動が、級友や教員から承認されていると感じている度合いです。

（1）学級生活満足群（承認得点が高く、被侵害得点が低い）
学級内に自分の居場所があり、学校生活を意欲的に送っている。
（2）非承認群（承認得点と被侵害得点がともに低い）
いじめや悪ふざけをうけてはいないが、学級内で認められることが少ない。自主的に活動する気持ちが弱い。
（3）侵害行為認知群（承認得点と被侵害得点がともに高い）
いじめや悪ふざけをうけているか、ほかの子とのトラブルがある可能性が高い。物事に対して、過敏な反応を示す子も含まれる。
（4）学級生活不満足群（承認得点が低く、被侵害得点が高い）
耐えられないようないじめや悪ふざけをうけているか、不安傾向が強い。学級集団への適応感は低く、不登校に至る可能性も高い。中でも「要支援群」には早急な対応が必要。

発達に個性のある生徒の大半は、「学級生活不満足群」に入ってきます。ここでもこうした子どもたちの生きづらさがわかります。

「学級生活不満足群」の中でも「要支援群」は最大限の注意とケアが必要です。結果がわかったその日に、緊急面談が必要なレベルです。自殺という最悪のケースも考えられるからです。

私がこのアンケート調査の導入を急いだのも、赴任先のある中学校で起こったMさんの自殺が心にずっと引っかかっていたからでした。当時13歳のMさんはいじめに耐えられず、自宅のベランダから身を投じたのでした。

いじめのない学校へ

自殺したMさんのことを、直接知っていたわけではありません。

でも全然知らない子でもなかった。Mさん

学級満足度結果のまとめ

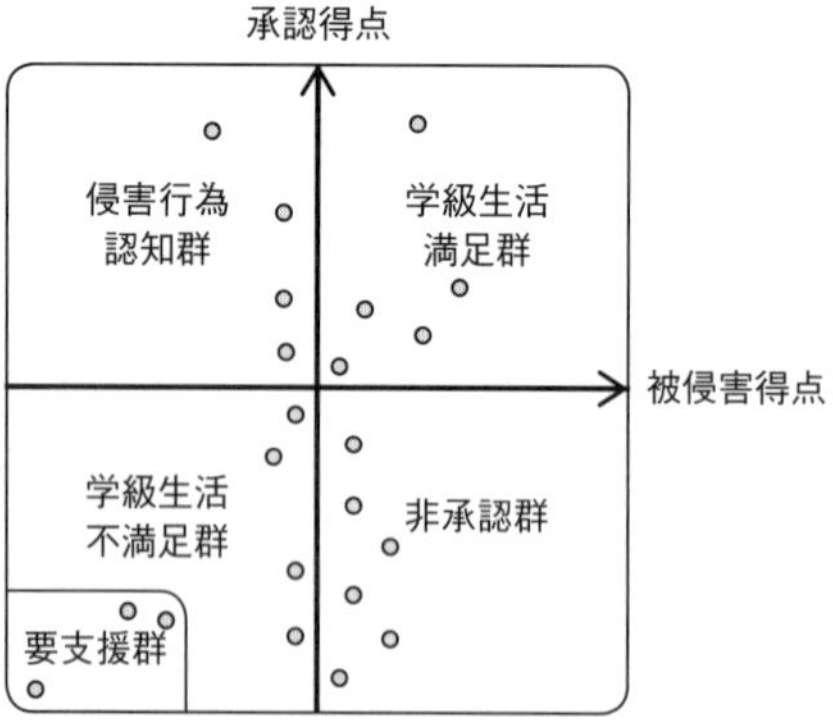

カウンセリング心理学に基づいた複数人のアンケート結果をマトリックスに落とし込んで表示した一例。どの座標に結果が位置するかで、見た目だけではわかりづらい子どもの心理状態を把握できる。

にはきょうだいがいて、その子は私が教える学年に所属していました。Mさんのことも学校で何回か見かけていて、「ちょっと暗い子だな」という印象だけがありました。Mさんがいじめにあっていたことはあとで知りました。

私の言い訳はいくらでもあります。全校900人を超えるマンモス校だった。直接の教え子でもなく、Mさんのいた学年を受け持った経験もなかった。……でも、これはただの言い訳です。私はMさんと同じ学校にいたのです。

いったいどうしたら救えたのでしょうか。

そのことをよく考えます。時計は元に戻せません。でもMさんと同じような子どもを救うことはできるんじゃないか。私にできる罪滅ぼしはこれしかありません。

2011年、まだ記憶に新しいかもしれませんが、ある中学校で、いじめが原因と見られる自殺事件がありました。この中学校は道徳教育実践研究事業の「推進校」に指定されていました。実は、「Q―Uアンケート」調査も行われていたのです。

自殺した生徒は、「要支援群」に入っていました。ところが学校側は、この調査結果を担任に渡しただけで、この生徒が「要支援群」に入っているという情報を学校全体で共有していませんでした。アンケートの結果を生徒指導に活かすことができなかった。痛恨の極みです。

痛ましい事件でした。せっかく調査をしていても、それだけでは対策にならないのです。

桜丘中学校では、このアンケート結果を全校の教員たちで共有します。写真で生徒の顔を確認しながら、その生徒がいったいどこの群にいるのか、ひとりずつ洗い出していくのです。その作業の中で、意外な生徒が「学級生活不満足群」にいることもありますし、「ああ、なるほど」と納得することもあります。

「学級生活満足群」に入った生徒も問題がないわけではなく、やりたい放題、言いたい放題、お山の大将のような生徒が入っていることもあります。クラスで好き放題にやれているので、「満足」という結果が出てしまうのです。いわゆる「いじめっ子」の傾向にある生徒が入る場合もあります。

このアンケート調査は、実は教員の話し合いがもっとも重要です。この会議で生徒の現状を把握します。不思議なことに、教員間で情報の共有がなされると、「学級生活不満足群」の生徒たちの満足感が向上することが多いのです。

おそらく、教員たちがいままで以上にその生徒のことを気にし始めるのでしょう。声をかけたり、手伝いを頼んだり。関わりが増えていきます。するとそれだけで、改善してしまう生徒も出てくるのです。

「Q―Uアンケート」や「ゆうゆうタイム」などの取り組みの結果、今のところ桜丘中学校では深刻ないじめは起きていません。今後も気を緩めることなく続けていきたいアンケートです。

桜丘中学校で「Q―Uアンケート」を始めたいと言った10年前は、世田谷区教育委員会にはあまり肯定的に捉えていただけなかったのですが、今は世田谷区全体で、「Q―Uアンケート」が行われています。桜丘中学校からは、要望があればその都度、講師として特別支援コーディネーターの教員を派遣し、情報共有の仕方やマトリックスの見方を講義しています。

全区導入したきっかけは、他区の動向でした。

読売新聞の社会面に、こんな見出しが躍ったのです。

《いじめ把握　新アンケート――豊島区　全31小中で来年度から》（読売新聞朝刊／２０１２年９月12日）

記事には、アンケートがいじめ対策に有効だとありました。この報道がきっかけで、世田谷区の小中学校でも子どもを守るためのアンケートが導入されたのです。

参考文献『学級づくりのためのQ－U入門』（河村茂雄著、図書文化社）

第4章

学校レポート／〝これからの子どもたち〟の育て方

桜丘中学校には、一風変わった授業や行事がたくさんあります。これらも、「子どもたちにとって、幸せな3年間を送るためにはどうしたらいいか」と考え、企画・実行してきたものです。

少しだけ覗いてみましょう。

3Dプリンターで心臓を作る

この日、理科室で行われているのは、2年生の「人体」の授業です。生徒たちは4人が9班に分かれて実験しています。

ここまでは普通の学校と変わりませんが、使っている機材に驚かれると思います。この授業で使うのが「3Dプリンター」なのです。3Dプリンターは、CADやCGのデータを入力すると、平面ではなく、立体を造形します。いわば立体印刷機です。

授業を担当する新任の長田浩貴先生は、大学で3Dプリンターを用いた研究をしていた経験を持っています。実はこの先生が、3Dプリンターを用いて門松を作ることで図形感覚を学ぶ授業をしている学校があることを、研修会で聞きつけてきたのです。

「3Dプリンターで印刷したものを使って理科の実験をすると、面白いんじゃないかと思いました」

長田先生に研修の感想を尋ねると、こんな答えが返ってきたので、私は即答しました。

「面白そうだね、失敗してもいいから挑戦してみたらどう？」

正直なことをいうと、「なかなかうまくいかないだろうな」と思いました。3Dプリンターの理科の授業なんてチャレンジです。まだほかの学校での実践例もありません。もちろん、長田先生も思いついただけで経験はありません。

でも失敗してもかまいません。

失敗には2種類あって、「やったけどうまくいかない失敗」と、「最初からやらなかった失敗」があります。やって失敗したなら、何かしら得るものがあります。うまくいかなかったからこそ「じゃあ次はどうしよう」と考える。ところが、失敗するのが嫌だからと何も事を起こさなかった場合、何ひとつ得るものがありません。

日頃から教員たちにも、

「たくさん失敗しよう」

と声をかけています。

それも、「できるだけ子どもの前で」と付け加えています。そうすると子どもたちも、

「先生でも失敗するんだ。自分だけじゃないんだ」

と、自己肯定感がグッと上がりますから。

エッジを立てろ

実は授業のうまい下手と、クラスの落ち着きの度合いは関係がありません。若い教員は「上手に授業しよう」と力みますが、その発想が間違っているのです。

授業が上手でないのに、不思議と落ち着いた授業となっているクラスの生徒に話を聞いたことがあります。

「だってあの先生はいい先生だから、ちゃんと聞いてあげないとかわいそう」

子どもたちは教員を見ているんですね。この教員は一生懸命自分たちに向かってきてくれているのか。それとも表面上、取り繕っているだけなのか。

逆に教員が授業をそつなくこなしているのに、なぜか落ち着きがないクラスの生徒に話を聞くと、出てくるのは教員に対する不平不満ばかりです。

「だってあの先生、ほんと態度すぐ変えるじゃん。自分の気分が悪かったら生徒に当たるし。自分の機嫌が悪かったら〝ハア?〟みたいな」

教員である前に、人としてどう振る舞うか。

テクニックではなくハートの部分を、子どもたちはちゃんと受け止めているのです。その観察眼や感性は見事！　生徒たちを侮ってはいけません。

そしてもうひとつ。

「エッジを立てる」ということ。

前例をそのまま授業にとり入れたり、ほかの優秀な教員の方法をまねてみるのも一つの方法ですが、自分の得意分野を生かすことも大事です。できないこと、不得意なところに目を奪われて、自信をなくす必要はありません。自分のとんがったところを探して、それをとことん磨くのです。これは子どもたちにも常々言っていることです。

特に若手の教員たちには、

「研究授業ができる機会があったら自ら手を上げてでもやりなさい」

と繰り返しています。日頃、目先のルーチンワークに追われ、なかなか研究する時間が取れないので、自らを追い込んでみるのも一案です。自分から研究授業を行うことで、多くの「気づき」があるからです。うれしいことに、１年間に計４回も研究授業を行ったツワモノの教員も出てきました。

この３Ｄプリンターの授業も、最初は「３Ｄプリンターで心臓の模型を作って理解を深める授業」と題し、研究授業のひとつとして行われました。

事業を起こすには人・物・金が必要だといいます。校長の仕事のひとつにも、人・物・金を工面してくるという仕事があります。3Dプリンターのメーカーの方に直接会い、3Dプリンターを授業で用いるモニター校になる条件で、サポートや3Dプリンターを無償貸与していただきました。メーカーにとっても学校の授業で使ってもらうのは初めての試みだったようです。

授業を磨くのは大切ですが、それ以外にも教員たちには「学校経営や法律も学びなさい」と声をかけています。「一教員でいることに満足しないで、将来、管理職を目指しなさい」と。なぜなら校長にならないと自分の理想の学校をつくれないから。

タンポポの綿毛――

教員たちにはタンポポの綿毛のように飛んでいって、桜丘中学校で学んだり感じたりしたことを、ほかの学校にも広げてほしいと思っています。

教員の予想を超えるアイデアも

「この授業は、3Dプリンターを使って心臓の模型を作り、心臓の進化について知るということが目的です」

理科の授業が始まりました。

「前回の授業で、２心房１心室の両生類の心臓模型を使って、色の違う水を循環させる実験をしました。そこからより色が混ざらない構造を話し合い、改良案を班ごとに考案し、パソコンを使って３Ｄデザインで作成するところまでいきました。

今回は、デザインした模型をプリンターで印刷し、その模型を使って水を循環させる実験を行います」

各班で、パソコンの３Ｄデザインソフトを使って改良案をデザインしていきます。

実際に、３Ｄプリンターから出てきた白い模型を手にした生徒は、

「パソコンでの画面で作った、そのままの実物ができる！」

と目を輝かせています。

生徒たちは、自分たちの心臓模型をより良いものにすべく、ほかの生物の心臓も調べ始めています。すると、哺乳類や鳥類は２心房２心室で、魚類は１心房１心室であることもわかってきます。

水が循環しやすい形にするには、相当の試行錯誤が必要で、生徒たちは楽しみながらも苦心していました。ある班は、４つの部屋の形を台形にするという改良案を提案。これには長田先生も「そのアイデアは理にかなっている」とひとしきりうなっています。教員の予想を、生徒がはるかに超えたのでしょう。

賑やかに楽しく実験をしながらも、50分の授業はあっという間に終わります。

「自分たちで心臓の模型を作ることは難しいし、時間もかかる。３Ｄプリンターだと、こんな風にあっという間にできるのがすごい」

「実際に自分がデザインした通りのものができるなんて、ワクワクする」

「なんで人間は２心房２心室が必要かって、なんとなくわかってきた」

とは授業を終えたあとの生徒たちの声です。

初の３Ｄプリンターを用いた理科の実験。コンピュータで生徒がデザインした心臓模型を作り、液体を流して動きを観察しました。

実はこの授業に、このクラスの子ではない子も混じっていました。タブレットがないと学習できないあのＦくんです。授業中に３Ｄプリンターをじっと見つめ、タブレットを持ち出して写真を撮っています。

「本当はいま、体育のサッカーの授業中なんですけど、ぼく、サッカーが怖いんです。たまたまここの前を通りかかったら３Ｄプリンターが見えたので、ぼくも見てみたくなって……。もう感動です！　もともと機械とかコンピュータが好きで、将来はコンピュータの勉強をしてプログラミングとかやりたいんです」

そんなＦくんを、長田先生も友だちも受け入れています。

「ぼくは人が苦手です。集団生活も苦手で、いじられたりするし、それが嫌で朝も遅刻したりします。でも学校は好きです。小学校と違ってこの中学は自由で、ぼくみたいな人も認めてくれるから。それに、ぼくは書くことが苦手だけど、タブレットを使ってもいいから、それで書いたり写真撮ったりできるのがありがたいです」

Ｆくんはじっと、３Ｄプリンターが作り上げていく様子を眺めています。

授業の途中、長田先生がＦくんに声をかけました。

「体育の先生が心配するだろうから、ちょっと校庭に顔出しておけよ」

頷きながらも、３Ｄプリンターから目を離すことができないＦくん。

桜丘中学校で大切にしていることは、強制させることではありません。こういうFくんを認めることのほうが、よっぽど大事なのです。

オールイングリッシュの調理実習

こちらの教室では、英語での調理実習が行われています。

桜丘中学校では英語教育に力を入れているのですが、これはそのうちのひとつ、CLIL《クリル》(Content and Language Integrated Learning) です。

CLILとは、理科や社会などの教科学習と英語学習を統合したアプローチで、英語を使って学習や実習を行うことで、英語教育の質的向上をもたらすというものです。

本日のゲストティーチャーは、日本を訪れた外国人に英語で和食の作り方を教える「ブッダベリーズクッキングスクール東京」(Buddha Bellies Cooking School Tokyo) の代表、小門亜裕子さん。もともとは超難関校で英語の教員をされていたそうです。

本校の英語教員数人がサポートにつきます。

調理実習のお題は「巻き寿司」。授業中は、生徒も教員もすべて英語。オールイングリッシュで授業が行われます。

教壇の上には、カット済みの卵焼き、カニカマ、きゅうりなどが並べられています。離れていても教卓の手元が見やすいように、教卓の頭上には鏡を設置しています。

授業が始まる5分前。チャイムは鳴りませんが、次々と家庭科室に生徒が集まってきます。

教室に入ってきた生徒は、口々に小門さんに英語で挨拶をしています。

「Good morning」

時間ピッタリに、係の生徒が「起立・気をつけ・礼」の号令をかけて、授業が始まりました。

小門「OK guys. Good morning」

生徒「Good morning」

ここからはすべて英語です。説明を受けるのも質問するのもすべて英語なのです。生徒たちは知っている単語とボディランゲージを交えて、必死に質問します。

クッキングに必要な英単語の復習をしたあと、いよいよ、小門さんのデモンストレーションです。生徒たちを教壇の周りに集め、大きなジェスチャーを交えながら説明していきます。どの生徒も食い入るように、小門さんの説明に聞き入っています。やって見せるだけでなく、寿司飯を生徒にあおがせるなど、生徒たちを巧みに巻き込みながら授業を進めていきます。

外部から専門の講師を招いて、オールイングリッシュで巻き寿司をつくる授業を行いました。

デモンストレーションが終わると、班ごとのテーブルに戻って、材料や道具を集めるところから始めます。初めて巻き寿司を作る生徒も多く、ぎこちない手つきです。それでも作業自体は笑いが絶えず、2枚の皿を使って皿の外周にそって丸く飾ったり、1枚の皿に山積みにしたり、班ごとに工夫して盛り付けています。

授業開始から40分。ほとんどの班が作り終わり、めいめいに使った道具を洗い始めます。

さあ待ちに待った実食です。

小門さんの合図で、皆、頬張ります。

「端っこがぐちゃぐちゃだよ〜」

「めちゃおいしい！」

あちこちで歓声があがります。

小門さんは各班を回りながら、英語で質問

します。

小門「Ｄｅｌｉｃｉｏｕｓ？（おいしい？）」

生徒「Ｙｅｓ，Ｄｅｌｉｃｉｏｕｓ！（はい、おいしいです！）」

生徒「Ｙｕｍｍｙ！（おいしい！）」

中には「Ｓｏｓｏ（まあまあ）」なんて答える生徒も。

授業の終わり、小門さんから生徒にひと言。

「Ｅｎｊｏｙ ｃｌａｓｓ？（授業、楽しかった？）」

生徒たちからは拍手が巻き起こりました。


「なんか寿司の匂いがするぞ」

「食いてぇ！　腹減った！」

廊下からは、別の授業が終わった生徒たちの声が聞こえてきました。

英語の理想は出川哲朗

小門さんいわく、巻き寿司を題材に選んだのには理由があるそうです。

「これから海外に出て向こうで交流をする時、料理を通じた交流って、親密度がすぐに高まる交流だと思うんですね。そういう時に向こうは、『日本人ならではの料理』を期待します。たとえば寿司。外国の方は、日本人なら誰もがのり巻きくらい巻けると思っていますが、いまの若者は作ったことがある人のほうが少ない。ご家庭で作ることも減ってきました。向こうのホームパーティの時に、巻き寿司が作れたらいいですよね」

実際、世田谷区が実施している海外派遣事業でカナダに行った生徒は、ホストファミリーにお寿司を振る舞ったそうです。

CLILは調理実習だけではありません。分度器で角度を比べさせる、という授業を英語でやったこともあります。体育を英語だけでやる授業もあります。

ではどんな効果があるのでしょうか。

英語の中倉加奈先生に聞いてみましょう。

「たとえば今日の調理実習では、〝Good morning〟って言いながら教室に入ってきてくれたのはうれしかったですね。英語を使おうという気持ちになってくれるのは、こちらが意図していることです。もうひとつの効用は、日本語での説明より、皆が一生懸命に聞いていることです。日本語だと聞き流してしまうところも、英語だとちゃんと聞かなきゃって、生徒が集中していたのがわかります。教員に質問するには、知っている単語をどんどん言って声に出さなければいけません。そういう積極的な姿が見られたのも良かったですね。もちろん、根本に英語力が必要ですが、恥ずかしがらずに声を出すということが、コミュニケーションの第一歩です。

正直なことを言うと、最初、西郷校長が〝ＣＬＩＬをやろう〟と提案してきた時には、どうなるかと思いました。でも、なんとかなってきましたね（笑）」

生徒は、というと……。

「英語を使って調理するなんて初めてだから、楽しかった。でも、英語でコミュニケーションをとるのは難しい。答えたいことをうまく話せなかった」

「実習しながらだから、英語の意味がわかりやすいし、覚えやすかった。先生の言っていることも、全部はわからないけれど、動きがあるからわかりやすかった」

この授業の生徒たちを見ていると、「まず日本語でコミュニケーションをとれなかったら、英語でもできない」ということに改めて気づかされます。

桜丘中学校の生徒は、実は全体的に英語力が高いのですが、それは言い換えれば「コミュニケーション力」の高さなのでしょう。日頃から「自分の気持ちや意見」を積極的に言葉にしているから、それを自分の知っている英単語に置き換えれば英会話が成り立ちます。

英語という言語は日本語よりも一段テンションを高くしないと話せません。だから、普段から「自分の気持ち」をテンション高く言葉にしていない生徒に「英語で話せ」と言っても、言葉が出てこないのです。

『世界の果てまでイッテQ！』（日本テレビ系）という番組で、出川哲朗さんが滅茶苦茶な英語を話すものの、それが通じたりしますよね？　英語のコミュニケーションの理想は、まさにあれだと思うんです。文法がどうのじゃなく、気持ちとテンションがあれば、言葉は通じるのです。

いつか出川哲朗さんを英語の講師として呼べないかなあ。

単身ニューヨークのダンス教室へ向かう

英語の本質はコミュニケーションです。コミュニケーションさえとれるなら、ブロークン英語でもかまいません。

実際、実生活で英語がしゃべれなくても困りません。日本社会で生きていく限り、英語ができなくても何の問題もないでしょう。

ただし、これからの子どもたちが活躍する社会は、はたして日本だけでしょうか。

たとえばNさん。

Nさんはダンスが好きで、とうとうニューヨークのダンススクールにひとりで行ってしまいました。中学生の女子生徒がひとりでニューヨークに行くなどということは、昔では考えられなかったですね。自分でスクールも調べたようです。ダンスを習うなら本場で、というわけですね。学校を何日か休むことになりましたが、ニューヨークで学ぶことは大きな勉強です。もちろん必然的に英語も使いますしね。

部活の公式戦などの理由で授業を休む場合、「公欠」といって出席扱いになりますが、Nさんの留学も公欠扱いにして、送り出しました。

英語が苦でなくなれば、Nさんのように可能性やチャンスが広がります。

もうひとつは「情報」です。

日本語に翻訳されたニュースを原文と比較すると内容が結構違うことがあります。日本で発信されるニュースは、その時の国の都合で取り上げられないこともありますし、翻訳する側のバイアスがかかっている時もあります。一部を切り取っているせいで、ニュアンスが変わっていることもあります。英語がわかるようになると、世界のあちこちでそのニュースがどう発信されているのかわかります。

日本に関するニュースも同じ。国内で報道されている日本の姿と、海外が見ている日本の間にはずれがあります。これは英語のニュースを読んで初めてわかることです。

つまり英語を身につけることで、自分で正しい情報を得て、自分で判断できるようになるのです。ＣＬＩＬなど英語教育に力を入れているのは、そういう理由もあります。


先日、技術科の田中淳一先生とマイクロソフトの研修に行ってきました。

毎年、２年生の技術の実習で電気回路を学習するために蛍光灯スタンドを作らせるのですが、キットが４０００円近くするのと、作ったスタンドを家ではほとんど使わないということで、蛍光灯スタンドの代わりに「マイクロビット（ｍｉｃｒｏ：ｂｉｔ）」を教材にすることにしました。

マイクロビットは、片手に収まる小さなコンピュータで、パソコンやスマホに接続して使います。これひとつで、音楽やロボット操作など、さまざまなプログラミングが行えます。イギリスの公共放送ＢＢＣが中心となってプログラミング教育のために開発したもので、イギリス中の小学生に無償配布され話題になりました。

すでに世界中の小中学校で使われ始めているのですが、その研修が日本のマイクロソフトで行われたのです。

シンガポールで発表会があったらしく、その時の様子も紹介してくれたのですが、研修というのに机上にはシンガポール産のビール！　日本で行われた日本人向けの研修ですが、講師は台湾の方で、そこで飛び交っていたのは英語。手にシンガポールのビールを持ちながら、英語で質疑応答を行ったのです。マイクロソフトの柔軟性と自由さにも驚きましたが、英語が思った以上にビジネスシーンで使われていることも、改めて実感しました。ますます英語の重要性を感じます。

ベネズエラ支援団体を立ち上げる

これからは、優秀な日本人はどんどん海外に出て行くでしょう。

たとえば桜丘中学校にＯさんという女子生徒がいます。

父親の仕事の関係で、３年間ニューヨークに住んでいたという生徒です。クラシック好きが高じて、好きな指揮者のグスターボ・ドゥダメルについて調べていたら、彼がベネズエラ出身だということを知ったのだそうです。で、さらにベネズエラについて調べてみると、貧困がひどくて、国民が平均で11キロ体重が減っていたり、シリアより子どもの死亡率が高いといわれたりしていることがわかってきた。

Ｏさんが素晴らしいのは、「そうなんだ」で終わらせずに、自ら行動に移したことです。「エスペランザ・ベネズエラ（Esperanza Venezuela）」という団体を中学校内に立ち上げ、ベネズエラを支援しようと立ち上がりました。
①ベネズエラの人びとの生活の改善を図る。
②子供たちが世界を変えられるということを証明する。
③中学生が立ち上がって変化を起こす重要さを伝える。
実際、秋に行われる文化祭の「さくらフェスティバル」ではクッキーを販売し、集まった約2万円をUNHCR（国連難民高等弁務官事務所）に寄付したり、東京農業大学の留学生5人を招いて、それぞれの国のことについて話しをしてもらったり。パレスチナの紛争地ガザに生きる少年を描いた映画『歌声にのった少年』の上映会も企画・開催しました。運動会ではNPO法人フリー・ザ・チルドレンとコラボしてフェアトレードのマンゴーとチョコレートを販売。この時は3万8000円もの売り上げがあり、全額フリー・ザ・チルドレンに寄付したそうです。

こうした活動が評価され、Oさんらは第23回ボランティア・スピリット・アワードの中学生部門で賞を受けました。

ただOさんのような行動力のある子が、いまの日本の学校の中で居場所があるかというとけっこう難しいことがあります。

Oさんの行動力の源は、しっかりと自分の意見を持っているということです。

彼女によると、ニューヨークへ行った時、日本との違いに面食らうことが多々あったそうですが、３年経って帰国した時のほうが、その何倍も面食らったといいます。

ニューヨークでは、自分の意見を主張しないと授業に参加していないことになるのだそうです。しかし日本では違います。前を向いて静かに座っていることが良いとされます。授業について生徒から提案したり、教員に対して生徒が意見を言ったりすることはありません。でもOさんはそれができるし、することが当然だと思っている。Oさんの態度を、教員の中にはまだきちんと受け止められない人もいますし、これからも、学校生活を送るなかで、軋轢を生むことだってあるでしょう。

それは、「Oさんが変わっている」のではなく、「日本が世界的に見て変わっている」からともいえます。

Oさんの目はすでに外に向いています。NさんやOさんに限らず、自分を持った生徒たちは将来、海外に出て行くことでしょう。

もし、こういう子どもたちを認めず、「自分たちと行動様式が違うから」という理由で排除することは、日本にとっても大きな損失ではないでしょうか。

ブラック部活からの脱却

さあ授業がすべて終わった放課後です。あちこちで、生徒たちが楽しみにしている部活が始まります。

桜丘中学校では、静岡県をモデルにして、水曜日と日曜日の部活を禁止しています。活動日は最大でも月、火、木、金、土の5日間だけです。私なりには現代の忙しい子どもたちの活動時間としては、十分だと考えています。また、活動時間も「週10時間まで」と上限が決まっています。総量規制ですね。夏休みも連続して3週間休みをとるように決めました。

当初は、部活のない日は自主練OK、としていたのですが、そうすると、日本人の悪いクセで「自主練」であるのに、全員参加を強制されてしまうという危険があります。これでは従来と変わらなくなってしまいます。

なぜ部活に関しては細かく取り決めをするのかというと、生徒だけではなく教員の負担も軽減するためでもあります。「ブラック部活」という言葉もありますが、部活の存在が教員の負担を増大させているのは事実です。「部活があるから教員になりたくない」という人も出始めているのですから。そこで総量規制に踏み切りました。

ただし、これでもまだ多すぎます。

部活動はほぼ勤務時間外に行いますから、週10時間として、月40時間の残業です。都の教育委員会の目標値は、40時間ですから、部活だけでこの目標値に到達してしまいます。さらに教材研究や生徒指導の時間を加えれば、優に過労死ラインの、月80時間も超えてしまいます。なんとかしなければいけません。

子どもにとっても、総量規制はプラスに働きます。

私も、かつてバスケットボール部やソフトボール部の顧問をやっていたことがありましたが、その時は、家族旅行など家庭の都合を優先させて部活を休む生徒のことが信じられませんでした。家庭より部活が優先だろう、と内心思っていたのです。それが当たり前という風潮に、当時の私もどっぷり浸っていました。他人のことはいえません。

だからこそ、管理職にある人間が、「ここまでですよ」と総量規制してあげなければならない。そうすれば顧問だって、「与えられた時間の中で効率的な練習を」と思えるのではないでしょうか。部活だけをやっていればいいという時代は終わりました。生徒たちの多くは、部活のない水曜は、習い事や塾を入れているようです。

部活運営の成功例

では実際の部活を覗いてみましょう。

桜丘中学校のバレーボール部は、複数回、都大会に出場している強豪です。他校の顧問からは、「週10時間の部活でなぜそんなに強いの？」と驚かれているようです。

「なんでそんな球が拾えないいんだ！」

「やる気ないならやめちまえ！」

「根性だ、根性!!」

運動部におなじみのこうした怒声や罵声は、まったくありません。顧問の倉橋輝先生は、終始落ち着いた声で、部員たちに大事なポイントだけアドバイスを送ります。

経験者や身体能力が高い子たちばかりかというと、そうではないようです。初心者の子もたくさんいます。当然、初めはミスも多いのですが、そんな時でも倉橋先生は、決して威圧的な指導はしません。それでも素晴らしい結果は出せるのです。

倉橋先生の中に、きちんとしたバレーボールの理論や練習メニューがあるのでしょう。だから的確なアドバイスを送ることができる。そう思います。

五輪事業の一環で、隣の東京農業大学のボクシング部から、五輪出場経験のある選手に講演に来ていただいたことがあります。農大のボクシング部は90年以上の歴史を持ち、7名もの五輪選手を輩出した名門です。

驚いたのは、普段の練習時間でした。１日２時間だというのです。学生なので授業優先。その合間に練習するので、１日２時間になるというわけです。桜丘中学校の１日の練習時間と同じです。

でもこの少ない練習時間でも、五輪に出場できる。

やはり一流といわれる人は、スポーツをやるにしても頭を使っているのです。短い時間で効率よく質の高い練習をどうやればいいのかを常に考えているのでしょう。それが、技術の上達にもつながっている。これは中学校の部活をやる上で、大きなヒントでした。

コンピュータ部の挑戦

では文化部はどうでしょうか。

校舎のいちばん端にある広い技術室で活動するのは、コンピュータ部です。活動は毎週火曜と木曜の２日間だけ。普段はゲームをしたり、部品を組み合わせてコンピュータを作ったり、ゲームをプログラミングしたりして楽しんでいます。今年は部員たちの有志10数名で、ロボットの世界大会出場を目指すことになりました。

コンピュータ部が目標とするのは、「ＦＬＬ（ファーストレゴリーグ）」。９～16歳を対象に、世界98か国、約４万チームが出場する世界最大規模のロボット競技会で、１９９８

年にレゴ社とアメリカのNPO法人FIRSTが設立しました。日本では2004年から競技会が開催され、勝ち抜くと世界大会に出場できます。

簡単にいうと、レゴを活用した工作ロボットを作成し、そのロボットで本部から提示されたミッションの攻略を目指すのです。8月に課題が発表されるのですが、たとえば「ボールを拾い、山を乗り越え、素早く穴に入れろ」というようなミッションです。

部員の多くは、地元の世田谷区立桜小学校でレゴのロボット部に所属していた子たちで、中学校で世界大会を目指すんだと、隣の学区から桜丘中学校にやってきました。

12月の地方大会（東日本、西日本、九州の3ブロック）を勝ち進むと、翌年2月の日本大会に出場できます。そして同年5月開催の世界大会へ。2020年の世界大会の日本開催が決まったので、今シーズンに限って、地方大会での優勝チームは日本大会の結果にかかわらず、無条件で世界大会に出場できることになっているようです。部員たちはすでに、世界大会に行く気満々のようです。

基本、部員たちの自主性に任せていますが、専門的なアドバイスは必要です。そこで、地域に住む杉本賢治さんに支援員就任を依頼しました。コンピュータ部に限らず、顧問の教員の負担を軽減するため、桜丘中学校では積極的に支援員を採用しているのです。

杉本さんは、NPO法人シニアSOHO世田谷の活動を通じて小学校で電子工作を教えていた方で、２０１９年の春から桜丘中学校に来ていただいています。

杉本さん、すでに80歳を過ぎているのですが、とてもすごい人で、日立製作所で電子レンジの開発に携わっていたという経歴をお持ちです。

電子レンジを使うことを「チンする」といいますよね？　初期の電子レンジの音が「チン」という音だったことからそうなっているようですが、杉本さんたちはあの音を決めるのにも苦労されたそうです。

ＦＬＬの大会に向けたプログラミングの練習と並行して、他のグループではパソコンの製作にも取りかかっているのですが、杉本さんの知識と技術はお見事というほかありません。どんな電子機械でも自作してしまう。も

米・ロサンゼルスで行われるロボット競技会の世界大会に向け、ただいまマシーン製造中。

ともとコンピュータ部には、そういったことが好きな子たちが集まっているのですが、杉本さんと会話している時の目の輝きように驚かされます。

ここ桜丘中学校は、生徒が「したい！」ということがあったら、なんとかしてあげるのが基本方針です。「世界大会を目指す！」というのであればと、ふさわしい支援員と予算もつけました。

学校の廊下で麻雀大会

生徒がしたいことをしたい時にさせてあげる。

これは本当に大事なことだと思っています。

実際、こんなことがありました。Pくんが家から麻雀牌を持ってきたのです。Pくんはゲームの麻雀は知っているけど、本物の麻雀はやったことがありません。でも「家に麻雀牌があったから」とわざわざ学校に持ってきた。ということは「麻雀をやりたい」ということです。だったらやらせてあげよう。Pくんを見て教員らはそう考えました。

といっても麻雀卓もなければコタツもありません。そこで、廊下にある半円テーブルを2つ合わせてスペースをつくりました。するとすかさず、養護の教員が、阿吽の呼吸で「保健室に毛布がありますよ」と運んできました。これで場は整いました。

あとは面子です。

ひとりめは廊下の住人のQくん。「できないよ」と渋るので、「アプリを見ながらやればいい」と説得。２人めは女子バレーボール部のエースアタッカーのRさん。実は私が教えているギター教室の生徒で、バンドもやっています。たまたま通りかかったという理由で席に。３人めはちょっと変わったSくん。この子も私の近くによくいる子なので必然的に麻雀卓へ。Sくんは頭の回転が早いので、本を読みながら麻雀が打ててしまう。

中学校の廊下で麻雀を打つ４人。よくよく考えたら変な光景です。渋っていたようにみ

教員がいつも以上に熱心（？）に指導していたのも、印象的でした。

えたQくんも、積極的に麻雀に挑んでいます。

次第にギャラリーも集まってきて大賑わいになりました。麻雀を知っている教員が「あれを切れ」「いやこっちだ」とうるさかったのはどうかと思いますが……。


いったい麻雀を学校でやることに何の意味があるのか。

そう思う人もいるでしょう。

たしかに、何かの役に立つかと問われたら答えに窮します。

将来、何かのプラスになるかもしれないし、ならないかもしれない。でもそれでいいと思っているのです。大事なのは「やりたい」という気持ちを尊重してあげることなのです。

「何かやりたい」と自分の意志を表現することは、心を閉じ気味な子どもからすれば大変な冒険です。

何かに行き詰まっている子は、このことをきっかけにそれを打開できるかもしれない。うまく心を開けない子は、一緒にやりたいことができたことで、周囲との距離を少し縮められるかもしれない。

きっとPくんはうれしかったと思います。だって、麻雀を付き合ってくれる子が現れたのだから。

麻雀だけではありません。

小学校からの引き継ぎで、「ほとんど会話をしない」と報告されていた生徒が、うれしそうに買ったばかりのモデルガンを学校に持ってきました。

どうしたと思います？

もちろん学校でモデルガンの試射をしました。段ボールで的を作って、最初は廊下で。これは危険すぎました。そこで広い校庭へ出て続けました。

ほかのほとんどの学校であれば、

「モデルガンなんて危険なものを学校に持ってくるとは何事だ！」

と取り上げられたに違いありません。

でも頭ごなしに叱ったら、この子は心を閉じてしまいます。

もちろん、あまりにも危険なことなどは、やりたいといってもやらせてあげられないこともあります。でも、なんとかやらせてあげようと奔走する。子どもはそういう教員の姿勢を見ています。

「今回はダメだったね」

となっても、子どもにわだかまりはありません。

欲しかった天体望遠鏡

こう思うようになったのは、小さい頃の天体望遠鏡が原因かもしれません。

横浜の本牧で育ったのですが、近くの寺院に立派な天体望遠鏡がありました。子ども心に、それを覗いてみたくてたまりませんでした。

父親にねだったのですが、裕福な家でもなかったので、実現しませんでした。父親は覚えていたのでしょう。しばらくして、天体望遠鏡の組み立てキットを買って来てくれました。いまも書店で見かけるような簡易なキットです。大喜びで組み立てました。

しかしキットですから台座がなく、本体をしっかり固定できずにブレてしまい、星を見ることが難しいのです。真ん中から紐で吊るして固定できないか工夫しましたが、うまくできず、結局、天体望遠鏡はそれっきりになってしまいました。

10数年後に理科の教員となり、その時の記憶が甦りました。今度は給料をつぎ込むことができます。奮発して高価な天体望遠鏡を購入しました。

ところが、夜空を覗いても何ひとつ楽しくないのです。私の中に残っていたのは、「天体望遠鏡が欲しかった」という抜け殻のような記憶だけで、肝心の情熱は雲散霧消していたのでした。私の中に喪失感だけが残りました。

この時の天体望遠鏡への情熱が、本物だったかどうかわかりません。でも、あの時天体望遠鏡があったら、別の可能性が広がったかもしれない。いまでは確かめようがありません。

いまの世の中は、「やりたいこと」を見つけにくくなっています。子どもたちは、触れる情報があまりにも多く選択が難しい上に、ゆっくり考える時間がありません。自分が何をやりたいのか、見つからなくなっているのです。

だからなおさら、それが麻雀であってもモデルガンであっても、なんでも「やりたいこ」とをやらせてあげたい」と思うのです。「やりたいと思ったらできるんだ」と思えば、本当にやりたいことも見つかるかもしれません。「やりたい」と口にするハードルも下がるのではないでしょうか。

牛乳瓶が転げ落ちただけでキレる子

Ｔくんという男子生徒がいます。

この子はいろいろと生きづらさを抱えている子で、自分の思い通りにいかなかったり、失敗をしてしまうと、イライラして物や人に当たったりして暴れてしまうことがあります。そういうことが積み重なって、通っていた小学校ではいづらくなってしまった経験もあります。桜丘中学校にやって来てもイライラが収まりません。こういう子だから、同級生との付き合いがうまくいかず、大人が間に入ってようやくコミュニケーションがとれるような状態でした。

私には懐いていました。きっといちばん長い時間を学校で一緒に過ごしていたからでしょう。

ある時、些細なことでTくんが暴れだし、止まらなくなりました。このような場合は、優しく語りかけたりしてクールダウンが必要ですが、私はあえて強めの注意をしてみました。Tくんの反応を見てみたかったのです。

「壊したものを元どおりにしなさい！」

するとTくんは真っ直ぐこちらに向かってきました。バン！　私の胸を殴ったのです。殴られた私以上に、Tくんがショックを受けていました。自分が大切だと思っていた人に手をあげてしまったからです。

このことをきっかけに、Tくんは大きく変わりました。

それまでは、自分には、すぐにキレるという「特性」があり、これは自分の努力では治らないという自己認識を持っていましたが、このままではいけないと強く思うようになりました。

先日も、給食を食べようと運んでいたら、牛乳瓶が転げ落ちてしまった。ただそれだけでキレて、バーンと給食を床に放りだした。以前であったら、そのままあたりの壁や通りかかった生徒に当たり散らすケースです。でも、自分で少し自覚するようになったのでしょう。Tくんはどこからかほうきを持って来ると、静かに片づけ始めました。いままで見られなかった行動です。

教員たちもTくんを優しく見守っています。Tくんがキレても決して怒らない。それどころか一緒に片づけを手伝います。

そんなTくんが、「ゲーム用の高性能なコンピュータを自分で作ってみたい！」と言い出しました。

牛乳瓶が転げ落ちただけでわーっとなる子です。根気のいる作業ができるだろうかと思いました。でもこれはチャンスです。組み立てる時にうまくいかなくてもイライラせずに最後までできるか。少し心配でしたが、挑戦させてあげることにしました。何より、「生徒がしたいことをしたい時にさせてあげる」のが桜丘中学校なのですから。

しかし問題は予算でした。

まずは自作のコンピュータを作るための部品のリストを作成するようにいいました。これも根気が必要です。でも彼は、ちゃんと作ってきました。

私はTくんに応えるべく、そのリストを手に経理担当者に相談しました。すると「お金がかかりすぎます」と言う。出せる金額の上限は13万円でした。そこでTくんにその旨を伝え、CPUなどの部品の性能を下げて、予算内に収めた部品リストを再提出するように言いました。

するとどうでしょう。イライラせずに最初から部品リストを作り直してきたのです。これだけで、日頃のTくんを見ている人間からしてみれば、格段の進歩でした。

さあいよいよ組み立てです。しかし簡単ではありません。時間をかけて組み立てたのに、ネジが何本も余ってしまいました。当然動きません。ここで暴れてもおかしくありません。ところがTくんはそんなそぶりすら見せませんでした。それどころか、時間をかけて自分で問題点を調べ、作り直しています。Tくんは自分でも、「自分が好きなことをしている時は、うまくいかなくても暴れない」ということに気づいたようでした。ということは、自分でもその感情をコントロールすることができるのではないか。Tくんのイライラ退治への挑戦の始まりです。

子どもの居場所づくり

さあ、続いてはカルチャークラブです。

中学校にカルチャークラブ？　といぶかしがるかもしれませんが、桜丘中学校では放課後の時間を使って、部活以外の活動を充実させています。

これがその一覧です。

・放課後の補習教室「英検サプリ」　木・金曜日
・放課後のボーカルレッスン　水曜日
・放課後の料理教室　水 or 土曜日
・夜の勉強教室　月１回
・炎のギター教室　土曜日

桜丘中学校では、授業と部活動以外にも、どんな子も孤立せず、活躍の場があるよう、さまざまな場をつくる工夫をしています。放課後の活動もそのひとつ。

本音をいうと、学校って飽きませんか？

朝学校に来て、授業に出て、給食を食べて、部活をして帰る。その繰り返しです。授業か部活でうまくいっていればまだしも、そうでない場合は、「学校に行きたくない」と思う子もでてくるでしょう。

桜丘中学校の生徒の9割は部活に入っていますが、反面、人間関係が固定されがちです。独特のルールやしきたりもあるし、上下関係もあるでしょう。上手下手もある。部活が好きな子はいいけれど、それほどでもない子は、閉塞感があります。

しかし、部活とはまったく違う活動が用意されているとしたらどうでしょう？　それが日常のアクセントになります。無限ループの中の息抜きですね。

「日中の授業はつまらないけど、放課後が楽しみ」でもいいのです。何かひとつでも楽しみがあれば、それがその子の居場所になります。

たとえば「炎のギター教室」――土曜日に私も講師のひとりとして教えているのですが、ギター教室に集まる子たちは、クラスも部活も違えば、学年も異なります。ここで、まったく新しい人間関係を築けるのです。

私は料理も趣味なので、生徒が家で簡単な料理ぐらい作れるようにしようと「放課後の料理教室」を開催したのですが、これが最初はまったく人が集まらない。子どもたちが家で再現できるようにと、カレーやハンバーグ、味噌汁をお題にしたのですが、見向きもされませんでした。

そこで今度は、知り合いのつてでロシア料理の先生にお願いして、もっと凝った料理を作ってみました。悔しいけれど、これが当たりました。簡単に手に入る材料を使っていませんし、凝っているから再現性も低い。でも「いつもと違うことをやってみたい！」ということだったのでしょうね。たくさんの子どもたちが参加するようになりました。子どもたちがどんなものに興味を抱くのか、勉強になりました。

夜の勉強教室

「放課後の料理教室」を開催したのには、もうひとつ理由がありました。

桜丘中学校の生徒の中には、両親が共働きで家に帰っても誰もいない、という子どもが少なからずいます。お金が用意されていて、ひとりでコンビニの弁当やお菓子を夕食代わりにするという子もいます。毎日であれば、きっと飽きていることでしょう。

毎日とは言わないまでも、この子たちが放課後、くつろげる場所をつくれないかな。「放課後の料理教室」にはそんな意味合いもありました。

そんな折、桜丘中学校の卒業生を子どもに持つという、地域に住む熊谷典子さんが訪ねて来られました。「地域の有志で『子ども食堂』をやりたい」という思いをお持ちで、中学校と連携できないか、というお話でした。子ども食堂は、２０１０年代になって活発になった社会活動で、地域の困っている子どもたちに無償もしくは安価で食事を提供するボランティア事業のことです。

熊谷さん曰く、貧困対策というより、

「世田谷区には、親が夜遅くまで働いていて、ひとりで夕飯を食べている中学生も多い。そういう子たちも、みんなで一緒に食べたら楽しいんじゃないか」

という発想だったそうです。

「できる場所を探している」ということでしたので、「じゃあ桜丘中の調理室でやりませんか？」とこちらから逆提案しました。

実は前々から、子どもたちの居場所づくりの一環として、夜、中学校で勉強会を開催したいと思っていたのです。しかしネックは食事。夜残れば当然、お腹が空きます。ですが弁当持参では親の負担も大きく、ハードルが高い。そんな時に「子ども食堂」の話が舞い込んだので、すぐに話が進みました。

名前も「子ども食堂」ではなく、「夜の勉強教室」。これなら気兼ねなく参加できますよね。あくまで勉強がメインということですから。そこに地域の方が作ってくださったおいしい夕食が100円でついてきます。

2016年に始まって、いまは軌道に乗っています。親の捺印を必要とする事前申込制にしていますが、当日参加もOKです。保護者の方の理解もあり、特に苦情は来ていません。むしろ、ほかの学校のPTAや教員たちから羨ましがられています。

始めた当初、運営費用に関しては、10人ほどのスタッフの皆さんが持ち寄ることもあったそうですが、いまでは、桜丘中学校の同窓会、世田谷区の社会福祉協議会、東京都、企業からの援助、そして世田谷区の事業費、地域の皆さんからの食材提供などでまかなっているそうです。

ひとりで夕飯を食べたくない

この日も17時になると、「夜の勉強教室」に徐々に生徒が集まってきました。

開催は月1回。立ち会いは私が行います。教員の持ち回りにしたり、出席を強制することはありません。そうでなくても仕事量の多い教員の負担になりますから、基本は自習。めいめいが思い思いに過ごします。現在では、近くの塾の講師の方がボランティアで教えにきてくださっています。

18時を過ぎると食事の提供が始まります。先着50名まで。おいしい夕食目当てに、教員が来ることもあり、そのまま残って勉強をみてあげることも。勉強会自体は20時まで行います。

黙々と勉強している子もいれば、友だちとお菓子を食べながらおしゃべりをしている子もいます。スマホをいじっている子もちらほら。時折笑い声がもれてくるグループも。

「勉強教室」とうたっているにもかかわらず、お菓子を食べたりスマホをいじったりする子がいることに驚かれるかもしれませんが、ここはあくまで、日常から解放される場です。授業の延長ではありません。くだらないことをしゃべっているようにしか見えませんが、実はああやって普段のストレスやイライラを発散しているのです。

「何かわからないことがあった時、先生に聞きやすいのがいいな」（2年女子）

「友だちが来るからそれにつられて……。家以外で勉強すると気分も変わるし」（1年男子）

「家の晩ご飯よりめちゃめちゃおいしい！　1000円だけど、1000円払ってもいい。なんでかって？　だってお母さんは夜遅くまで仕事していて、夕飯はいつも自分で作ってるから」（1年女子）

夜の勉強教室では、わからないところを教えたりおしゃべりに花を咲かせたり。そしてみんなで食べる夕食はまた格別！

「来てる理由？　ほかのクラス、ほかの学年の子とご飯を一緒に食べるのが楽しい。ここが交流の場になってるかも」（2年女子）
「家族との食事だと沈黙するんだよね。弟がいるけど、いつも父親から食事のマナーで怒られていて、空気は最悪。ここだとずっと笑ってられる」（1年女子）

ひとりで夕飯を食べざるを得ない子もいれば、家にいると「勉強しろ」と親から言われ続けてストレスをため込んでいる子もいます。

個性も異なれば、抱えている問題も人それぞれです。共通しているのは、どの子も「安心できる居場所」が必要だということ。「夜の勉強教室」が、子どもたちにとってそういう場所のひとつになればいいと思っています。

実際、「一緒に夕飯を食べる」という行為には絶大な効果があります。同じ釜の飯を食った仲だからなのか、夜集まっているという共犯（？）関係にあるからなのか、自然と仲良くなるし、そこで悩みを打ち明けることもできる。昼間のクラスだと溶け込めない子も、ここだとうまく関係を結べているようです。

校長室は常時扉を開けていて、いつでも誰でも入っていい場所にしていますが、問題を抱えていても、校長室に入って来られない子がいます。そういう子たちとも、「夜の勉強教室」でおしゃべりすることができます。私にとってもいろいろな生徒のことを知る、いい機会になっています。

一年に一度の花火大会

いつもは20時までの「夜の勉強教室」ですが、7月のとある1日だけは、19時までにして、校庭に集まります。実は年に1回、花火大会を同時開催しているのです。これも生徒からの提案で始まりました。

最近の子どもたちは本当にかわいそうで、花火をしたくてもする場所がないのです。公園もダメ、路地でもダメ。子どもだけでやるのもダメ。「危険」の名のもとに、何でも禁止してしまっているのです。

それならば、学校でやればいい、ということで

年に1度、校庭を開放して花火大会を開催しています。

校庭を開放することにしました。


夜19時から、待ちに待った花火大会のスタートです。

校庭ではさまざまな表情が見えます。

本日の特別メニューの焼きそばをかき込む子（私もそのひとりでした）。

トウモロコシを頬張る子。

スイカにかぶりつく子。

足下に突然放り投げられたネズミ花火に、キャーキャー叫んで逃げ回る子（投げつけたのは私ですが……）。

ロケット花火が夜空をつんざく音に歓声をあげる子（地元の方も理解していただいているのか、苦情が来たことがありません）。

手持ちの花火に火を付け、生徒に投げつけるふりをする私（一応、「へいへい、投げるぞ！」と大袈裟に予告しています）。

最後は、生徒と私で花火を持っての追いかけっこになりました。どっちが子どもかといったら、私かもしれませんね。

花火大会の最後は、みんなで揃って打ち上げ花火を鑑賞。夜20時、最後の花火が消えると、自然と拍手が起こり、花火大会は思い出を残して終わりました。

ほかにも桜丘中学校には、ちょっと変わった行事がたくさんあります。そのいくつかをご紹介しましょう。

世界でいちばん楽しい運動会

まずは一学期、「世界でいちばん楽しい運動会」(5月)です。

運動会ならどこでもやっているじゃないか、と言われそうですが、「いちばん楽しい」と胸を張るのはわけがあります。実はメイン競技のひとつが「玉入れ」なのです。

これは調査やデータを前提にしている話ではないのですが、私の経験からして、子どもたちの少なくとも3割は、運動会が嫌いだと思っています。

「優勝目指してがんばろう!」

と口では言いながら、実は内心、「運動は苦手だし、チームの足を引っ張ったら何を言われるかわからないし……」と思っているのです。

どんな学校でも、運動の苦手な子に対応する全員参加型競技を用意していますが、大玉転がしだったり、ムカデ競走だったり、やはり運動能力の差が出てしまうものが多くなってしまいます。

そこで桜丘中学校の運動会では、運動の苦手な子どもたちのために「玉入れ」をメイン競技のひとつにしたのです。これならば運動能力の差はそれほど出ません（そもそも運動能力に自信のある子は別の競技に出ています）。

玉入れの選手になった子たちは、どうしたと思います？

あの運動が好きでない子たちが、なんと自主的に玉入れの朝練を始めたのです！

最初は「運動会なんて好きではない」なんてぶつくさ言っていたのですが、蓋を開けてみたら、目の色を変えて練習をしている。走るのが苦手な子も「これなら」と思ったのかもしれません。

もうひとつの目玉は、「部活対抗リレー」です。

これも基本的には、運動部の子たちが花形になる

玉入れや部活ごとに仮装して競うリレーが桜丘中学校の運動会ならでは。

場合が多いのですが、桜丘中学校では、むしろ文化部がはりきります。いわば、日頃校庭で活動することがない部活の子たちの一世一代のデモンストレーション。その部ならではの衣装――仮装行列のようになることもしばしばですが――で観客の目を楽しませます。理科部の顧問である私も白衣を着て走りました。

一方の運動部は、ユニフォームを身につけての本気のリレー。これはこれで白熱します。時には走るのが専門の陸上部に野球部が勝つこともあります。文化部も運動部もそれぞれに注目されますので、部員たちは大満足です。

浴衣の日

桜丘中学校では、生徒会の提案で2013年から「カジュアル・スタイル・デー」と称して、第二土曜日は自由な服装で登校する日としていました。「土曜日は私服でゆったりとした気持ちで過ごせるように」という意図です。当時の桜丘中学校ではまだ、普段は標準服を着用していました。

同じく、生徒会からの提案で「浴衣の着付け教室」が開かれていました。「夏祭りの時に浴衣を着たい！」というわけです。

いままでは「せっかく浴衣を自分で着られるようになったのだから、学校でも浴衣を着てみたい」ということになり、７月の第二土曜日が生徒会主催の「浴衣の日」となりました。

この日は、学校協議会の方や近隣のボランティアの方が、朝７時半から浴衣の着付けをしてくれます。浴衣や草履の貸し出しもやっているので、持ってなくても大丈夫です。家から浴衣で登校してもＯＫ。もちろん私も教員の多くも、その日は浴衣です。浴衣を着ての授業風景は壮観ですよ。

これらはすべて、生徒会のアイデアで始まったことですが、古い校則がまだあった時代にはなかった動きです。

「君たちに任せた」と言った途端、ＦＭ東京のパーソナリティを学校に呼ぼうだとか、谷川俊太郎さんに詩の朗読会をしてもらえないかとか、さまざまなアイデアが出てきました。「カジュアル・スタイル・デー」だって、なかなか思いつくことではありません。もし、「中学生は手取り足取り指示しなければ何もできない」と思っている教員や保護者がいるなら、それは子どもたちの力を見くびっています。

こうした生徒の「奇抜なアイデア」でも、学校がちょっとお手伝いをすれば何でもできます。

もちろん、公立の学校では、教員の間でも「みんなと同じようにしなければいけない」

という文化が根強く、「次の校長が困るから、あまり余計なことをするな」という空気を何度も感じてきました。日本社会では、「出る杭は打たれる」のです。打たれるのが嫌で、横を見ながら恐る恐る行動している人も多いかもしれません。

ところが不思議なもので、「出すぎた杭」までいくと、案外、何も言われなくなります。それどころか、思い切って取り組んだことで結果がついてくると、それまでは引き気味だった教育委員会も賛同してきます。

実は「カジュアル・スタイル・デー」も、教育委員会主導で、2019年度から世田谷区内の全公立中学校に広げることになりました。「生徒の主体性を伸ばして、多様性を尊重するきっかけにしよう」ということです。

廊下のあちこちで、スマホを片手に記念写真を撮る姿が。もちろん浴衣姿のまま授業を受けます。

大変素晴らしいことだと思います。

ただ残念なことに、一部の学校では、「カジュアル・スタイル・デーの服装は授業に支障のない範囲しか認めない」と言い、短いスカートをはくことを心配して、「女子のスカートは認めない」と、実施前からさらに新しい校則を作ってしまった学校があります。

「やってみて気になることが出てきたら、その時に子どもたちと一緒に話し合って考える」という発想にならないことが、残念でなりません。

桜丘中学校では浴衣の日のほか、ハロウィンには仮装をしてくる生徒がたくさんいます。もちろんお菓子の交換もOK。教員も仮装をしたまま授業をするなど、学校中がワクワクする1日を楽しんでいます。

一大イベント、さくらフェスティバル

桜丘中学校の一大イベントは、「さくらフェスティバル」(10月)。いわゆる文化祭です。

毎年生徒たちは、この通称「さくフェス」が来るのを楽しみにしています。特に3年生は、ステージ部門に、模擬店にと大活躍して盛り上げてくれます。そして10月最後の土曜日「さくフェス」が終わると、一気に受験へと突き進んでいきます。良い意味で、中学校生活の区切りとなる行事です。

体育館で行われるステージ部門は、演劇部や吹奏楽部など部活動の発表以外に、ダンス、漫才、バンドなど誰でも自由にエントリーができます。「炎のギター教室」の子たちも出場します。地域や保護者の中には、プロの音楽・舞台関係者がいて、そういう方々に手伝っていただくので、ステージは本格的。ちょっとしたプロのライブです。

格技室や校庭、教室は模擬店部門。各部活が工夫を凝らした模擬店を出店し、売り上げは部活の運営費に充てています。ほかの中学校では考えられない特徴のひとつは、各部活だけでなく、地域の町会や商店、近隣の小学校、ＮＰＯ、警察署など、いろいろな団体の出店があることです。

中学校の文化祭というよりは、地域総出のお祭りです。当日は１０００人以上の来訪者があり、大学の学園祭並みに盛り上がります。

しかし、そもそものスタートは自慢できるものではありませんでした。

というのも実は、桜丘中学校には文化祭や学芸発表会のような生徒発表ができる行事がありませんでした。子どもたちからは「文化祭をやりたい」という要望が学校にあがっていましたが、当時の教員のなかでは、そのような余計な行事を増やしたくないという意見が多数を占め、なかなか実現にこぎつけませんでした。

これに対し、ＰＴＡや保護者が立ち上がりました。だったら自分たちがやらせてあげよう、というわけです。結局、「学校側は一切関与しない」という約束で、いまから23年前、第1回の「さくらフェスティバル」が始まりました。いまから考えれば、スタートは負の歴史です。

ところが、これが瓢箪《ひょうたん》から駒でした。

学校の管轄を外れたことで、「さくらフェスティバル」は自由が確保されました。服装も自由、模擬店を出すのも自由、食べ歩きも自由。子どもたちが自由を謳歌するお祭りになりました。当時の桜丘中学校の古い体質の中にも、自由に子どもたちの個性が表現できる機会があったのです。

赴任してきた時は驚くと同時に、ラッキーだと考えました。ここに、自由の息吹があったからです。そこで、「さくフェス」をわれわれもサポートしていくことにしました。開催経緯を考えれば、あり得ないことだったかもしれません。赴任して1年目、教員らに声をかけると、４人だけ一緒に参加してくれました。強制ではありませんが、徐々に教員の参加も増えています。現在ではほとんどの教員が顧問をしている部活の模擬店があったり、運営に力を貸してくれています。なんと教員バンドや教員ダンスもあるんですよ。

生徒側も主体的に動き始め、２０１６年には「さくらフェスティバル実行委員会」が誕生。「さくフェス」への関わりを深めるようになりました。

立ち上げは大変だったと思いますが、この文化祭があることで、学校、生徒、ＰＴＡ、保護者、地域……といった関わりが強くなっているように思います。桜丘中学校の大きな財産です。

もし桜丘中学校に興味を持っている人がいたら、この日にぜひ来校してみてください。きっと学校の雰囲気を感じ取ってもらえると思います。

中学1年生の試し行動

桜丘中学校の楽しさが伝わったでしょうか。

でも本当のことをいうと、学校に入ったばかりの1年生は、桜丘中学校の楽しさが理解できません。

「この学校には、校則はありません」

「何でも自分で判断して、いいと思ったことをやりなさい」

入学してきた1年生に、最初にこのことを伝えるのですが、戸惑うばかりで、なかなか自分で考えようとしないのです。

小学校の6年間、教員から指示されることばかりに慣れてきた子どもたちは、「自分で考えなさい」と言われると困り果ててしまうのです。ひとりひとりが「みんな違っていいよ」と、突然、枠が取り払われて、「やりたいことをやっていい」と言われても、そんなことを考えてきたことがなかったので、何も思い浮かびません。

するとどうなるか。

実は試し行動が始まります。

「試し行動」とは、自分をどの程度まで受けとめてくれるかを探るために、わざと困らせるような行動をとることを言います。幼少期によく見られる行動です。親の愛を確認している、というわけです。

1年生は、これをやるのです。

いろんな悪さをして、教員が本当に怒らないかどうか、確認し始めるのです。そもそも大人を信じていない子は、「そんなことを言っても、こうしたら先生は怒るはず」ということを実行します。授業中にスマホをいじったり、漫画を読んだり、大声で授業の邪魔をしたり。

ここで対応を誤って、必要以上に「こら！」と叱ってしまうと、中学1年生は学校や先生を信用しなくなります。

「1年生は先生たちを試しているんだから、絶対に怒らないで。愛情を持って接してほしい」

特に1年生を受け持つ教員には、こう念押ししています。

実際、1学期あたりに桜丘中学校を訪れる外部見学者は、中学3年生のクラスを見ると、

「まだ中学生なのに自律的に動いている。高校生や大学生のようですね」

と褒めてくれます。

ところが、同じ見学者が1年生のクラスを覗いて絶句するのです。

「桜丘中の一年生は荒れている。しかも先生方は注意もしない」

ここからは教員と生徒の我慢くらべです。

外部から何と言われようと、踏ん張って叱らずにすませます。すると、その積み重ねで、子どもたちが「本当に自由にしていいんだ」と実感するようになるのです。と同時に自分達に注いでくれる教員の愛情にも気づき始めます。

それに要する期間がだいたい1年、遅くても2年生の夏休みが終わる頃には、驚くほど落ち着いてきます。「試し行動」はなりを潜め、小学校で暴力的でみんなに嫌われていた子や勉強を全然やらなかった子も自分の考えをきちんと持ち、問題行動が出なくなります。

さらには、進んで学ぼうとしたり、やりたいことのためにがんばったりするようになるのです。それは見違えるほどの変化です。

教員たちも、こうした変化が毎年起きているのを知っていますので、「この子たちは大丈夫」と教員同士で励まし合いながら、ひとりひとりの成長を信じて待つことができるのです。

実は、「試し行動」をやめさせるのは簡単です。最初に、ガツンと怒ればいいのです。すると、あっという間に教室は静かになります。

しかしこれは、表面的に落ち着かせることができた、というだけです。

「〝怒らないから、自分で考えたことをしてごらん〟というのは、やっぱり嘘だったんじゃないか」と子どもたちは不信感を抱きます。生徒と教員の信頼関係を築けないまま、３年間が過ぎてしまうかもしれません。

では、私たちは生徒を叱らないことで、何を期待しているのか。

それは、子どもひとりひとりが持っている「よく生きよう」というプログラムが発動することを待っているのです。

皆さんも小さい頃、明日は「もっとがんばれる人になりたい」とか「もっといい人になろう」とか「もっと勉強ができる人になろう」と思っていたに違いありません。生まれながらに子どもたちは、もっと「よく生きよう」という意思が脳にプログラムされています。

ただ、このプログラムを発動させるのには、適した環境が必要です。安心して過ごせる、安心してみずからを表現できるそのような環境の中でプログラムが動き出します。子どもたちひとりひとりが、自分はこんなことを考えていたのか、こういうことが好きなんだ、とわかってきます。

また、この1年から1年半の「試し行動」の期間は、教員にとっても、新しく中学校にやってきた子どもたちの個性を知り、理解を深める時間でもあるのです。これがわかると、その後の関わり方も変わってきます。

たとえば、いじめや不登校の問題が起きた時、解決の糸口はなかなか見つかりません。時間をかけて、対象となる生徒と信頼関係を結んでいくほかありません。

好きな本の話でもいい。鉄道オタクなら鉄道の話でもいい。メイク談義でもアイドル談義でもいい。

その子が大事にしている「引っかかる」ところを探し出す。それがその子にとって、ほかの生徒、ひいては社会とつながる糸口になるわけですから、そこから信頼関係を深めていく。

時間はかかりますが、こうすることで、時が経つにつれ、子どもたちは落ち着いていきます。

ひとりの子が見えなければ、全体も見えない

「愛情ってなんだかわかる？」

私は若い教員によくこんなふうに聞きます。実は最近、「愛情がわからない」という教員がいるのです。聞いてみると、「恋愛したことも、死ぬほど人を好きになったこともない」と言います。

結婚して自分の子でもいれば、「自分を犠牲にしてでも、この子を守る」という無償の愛の形がわかりやすい。ところが恋愛経験もなく、子どももいない教員の中には、「愛情」というものがよくわからない人が少なからずいるのです。

学校の教員の多くは、公平や公正さを大事にしようとします。それは間違っていませんが、子どもたちを理解しようとした際に公平さを持ち出すと、実は一人の子でさえ見えなくなってしまうことがあるのです。よく「クラス全体を見る」という言い方をしますよね？　でも、全体を見ようとしても、何ひとつ見えません。

では、どうしたらいいか。

とても心配なひとりの子どもに焦点を合わせるのです。心配のいらない優等生やクラスのリーダーに合わせてはいけません。部活の子でもクラスの子でもいいから、自分がいちばん心配だと思う子の面倒を見ます。そして、とことんその子に尽くすのです。その子の

ために全精力を費やします。

方法は、いろいろです。毎日、その子に話しかける、楽しい会話をする。勉強を教えてあげてもいいし、一緒に歌を歌ってあげてもいい。方法はともかく、まずはその子だけを見るのです。

すると「愛情ってこういうことなのかな」とわかってきます。

ひとりの子に時間をかけて十分に関わっていると、なぜかクラスや学年の生徒全体が見えてくるのです。当たり前のことです。全体とは個の集合体です。個が見えなくて全体が見えるはずがありません。その教員は「子どもを見る目」を獲得したといったらいいでしょうか。

最初は、その子を中心とした人間関係が見えてきます。なぜこの子は浮いているのか。どの子と仲がいいのか。誰と反目し合っているのか。苦手な子は誰なのか。そうすると、徐々に徐々に、その集団の関係性や全体像が浮かび上がってきます。

「典型的な中学生」などいない。みんなデコボコしている。そう言いましたが、「いちばん心配だと思う子」に焦点を合わせるということは、デコボコの「ボコ（凹）」を観察するということです。そこがわかると、デコボコ全体が見えてくるのです。

ひいきと言われても気にしてはいけません。

本当のひいきとは、自分の欲得で、気に入った人を引き立てることです。

でもこの行為は違います。本当に心配だから寄り添うのです。

なぜ教員がその子のことばかり気にするのか、子どもたちだって理解できます。子どもたちにだって、見えているのです。

たったひとりを大事にする。

逆説的ですが、たったひとりにすら愛情をかけられない人は、全員を大事にすることなど、とうてい無理なのです。

私はたったひとりの子どもを大切にしたい。この子にとって幸せな学校とは？　この問いの向こうに、「どんな子でも3年間楽しく過ごせる学校」があると考えています。

心に怒りを

２０２０年3月をもって、桜丘中学校の校長を退任します。私は10年間、この中学校の校長を続けることができました。

校長の任期は通常3年、長くて5年です。5年目に私はたまたま、60歳の退職の年齢にあたりました。教職員も「再任用」といって、給料は3分の2に減額されますが、教育委員会が認めてくれれば同じ仕事を続けられるのです。私は5年間、1年1年再任用を更新していただけ、都合10年間、桜丘中学校に残ることができました。もし、桜丘中学校にいる間に60歳になっていなければ、規則で他校に異動になっていたでしょう。

こうして同じ中学校に長くいられたことは、幸運でした。数年では、なかなか学校は変わらないからです。私は学校が変わっていく様子を、この目で見ることができました。

その中でわかったこと――絶対にブレてはいけないことは、「何をいちばん大事にするか」ということでした。

組織なのか。子どもなのか。

私たち教員の目の前には子どもがいますよね。その子たちは楽しそうですか？　楽しくなさそうですか？　子どもたちが学校にいる期間を幸せに過ごすにはどうしたらいいか。その先も幸せであってほしいなら、学校はどうあればいいか。そこを考えれば、答えはおのずと見えてきます。

とはいえ私も弱い人間ですから、「和を乱すな」などと言われると揺らぎます。

でも、そこで我慢するとイライラしてくるんです。結局、組織は弱い立場にいる子どもより、大人の都合を優先するのだな、と。「こんちくしょう」と怒りが湧いてきて、私の中に力が漲《みなぎ》ります。

「心に怒りを持つように」

私は自分に言い聞かせています。子どもに対する怒りではありません。より力のあるものが自分たちに都合の良いことを押しつけてくる、その理不尽さに対してです。生物の進化の過程で、「怒り」のような負の感情がなくならずに残ったのは、そうした大きな力に立ち向かうためではないでしょうか。

私がいなくなったあとも

「西郷校長がいなくなったあとは、桜丘中学校はどうなるんですか？」

最近、そういう聞かれ方をします。

私は決まってこう答えています。

「どうなっちゃうんでしょうね」

こう言うと、みんな驚いた顔をするのですが、「あとは野となれ山となれ」と無責任なことを言っているのではありません。桜丘中学校の未来を決めるのは、私ではなく、ここにいる生徒たちです。

たとえば桜丘中学校では、「生徒総会で決まったことは実行する」と決めています。こうやってきたのは、ここの生徒たちに、「自分たちで社会は変えられる」ということに気づいてほしかったからです。成功体験を与えたかった。

もし私が退任したあと、生徒が望む学校じゃない方向に動き出したら、誰かに頼るのではなく、自分たちで変えればいいのです。「ぼくたちはこういう学校にしたい」、「私たちはこういう学校の生徒でありたい」とがんばればいいのです。

「世界を変えなさい」

私は桜丘中学校でのこの9年半で、この言葉を繰り返してきました。

文句を言っている暇があったら、自分が変えればいい。

アインシュタイン、エジソン、スティーブ・ジョブズ……。世界を変えてきたのは、みんな「変な人」です。「変わっている」と後ろ指さされるのを恐れず、人と違う人になって世界を変えなさい。

だから実は、私が退任したあとのことを心配していません。

私はむしろ、桜丘中学校を卒業していった子どもたちが、これからどうなっていくかが楽しみです。

高校に行けば、桜丘中学校のような環境ではありません。理解してくれる教員もいないかもしれない。

先日、ある卒業生がこんな話をしていました。

「高校におかしな校則がいっぱいあって、それを変えたいんだけど、うまくいかなくて……。桜丘中の時は、何かしたいと思って提案すると、先生もすぐに〝いいね〟〝じゃあ具体的にどうしたらいいと思う？〟ってのってくれたけど、高校の先生は〝気持ちはわかるよ。でも現実は難しいの、わかるよね？〟といって、結局は否定されるんです」

当然、「変えること」は簡単ではありません。

高校、大学……あるいは社会に出て、これからもきっと、いろんな壁にぶち当たるでしょう。長いものに巻かれたほうが楽だと、流されそうになるかもしれません。横並びを強制するような同調圧力もあるでしょう。

でも、それじゃ変わらない。

面白くもない。

彼はいま、自分もいつか中学校の教員になって、桜丘中学校でそうしてもらったように、今度は自分が生徒の希望をかなえるサポートをしたいと考えているのだそうです。これが彼のたどりついた、〝世界を変える方法〟なのです。

世界を変えようよ。

大丈夫。子どもたちはみんな、自分たちで「変える力」を持っている。

私はそう信じています。

あとがき

ニュージーランドの中学校から、体験入学を希望する生徒が来たことがあります。ご両親は、日本に帰国して日本の学校に通わせようか、そのままニュージーランドで教育を受けさせようか悩んでいらっしゃいました。一時帰国した男の子は、3日間の体験ということで、桜丘中学校の3年生の授業に参加する予定でした。ところが、1日目の放課後に彼は校長室にやってきて、日本の学校に通うのは無理だとわかったので、体験はもういいというのです。6時間も椅子に座ったまま教員の話を聞くことに耐えられないという理由です。日本の子供たちのような忍耐力は自分にはないといいます。

ニュージーランドは隠れた教育先進国です。教育委員会がなく全権が各学校の校長に委ねられています。たまたま日本に来たニュージーランドの教員と話をしたことがあります。日本の教育はどうしたらいいかと問うと、日本のことは日本で考えなさいと言われました。なるほど、イエナプラン*やフィンランドの教育などをそのまま取り入れるのには、日本の公立学校では難しいところが多々あります。ニュージーランドの教育をそのまま取り入れることも難しそうです。

＊ドイツの教育学者ペーターゼン（1884年〜1952年）がドイツ・イエナ大付属学校で実施した学校改革案。自分の良さや弱さと同時に他者の長所なども認め、インクルーシブ教育を目指す。「幸せな大人を育てる教育」として、オランダで普及している。

目の前の子どもたちを見ながら、私はいつも思索しています。どうしたらこの子たちが3年間幸せに過ごせるだろうと。するとかつて勉強したルドルフ・シュタイナーやジョン・デューイが、ほらこんな風に考えなさいと笑っています。オランダやフィンランドの子どもたちが弾けるような笑顔で、「宿題はないよ」「テストもないよ」と教えてくれます。

どうも私には、その子たちが、受験勉強で夜遅くまでひとりぼっちで勉強している日本の子どもたちより、よっぽど幸せそうに見えてしかたありません。

日本の教育のことは日本で考えなさい。であれば、日本独特の複雑な教育環境の中から導き出した連立方程式のひとつの解として、この世田谷区立桜丘中学校の実践を参考にしていただければうれしいです。方程式の解き方はひとつではありません。時代や世界状況、それぞれの学校がもつ地域性や子どもたちの特性など多くの変数を取り扱わなければなりません。どのような方法で、連立方程式を解くのかは皆さんの頭脳にかかっています。ノーベル賞的な解が見つかることを期待しています。

令和元年十一月吉日　西郷孝彦

西郷孝彦

1954年横浜生まれ。上智大学理工学部を卒業後、1979年より都立の養護学校（現：特別支援学校）をはじめ、大田区や品川区、世田谷区で数学と理科の教員、教頭を歴任。2010年、世田谷区立桜丘中学校長に就任し、生徒の発達特性に応じたインクルーシブ教育を取り入れ、校則や定期テスト等を廃止。10年にわたり個性を伸ばす教育を推進した。著書に尾木直樹氏、吉原毅氏との共著『「過干渉」をやめたら子どもは伸びる』（小学館新書）がある。

校則なくした中学校 たったひとつの校長ルール

定期テストも制服も、いじめも不登校もない！
笑顔あふれる学び舎はこうしてつくられた

2019年11月16日　初版第1刷発行
2025年2月18日　第6刷発行

著者　西郷孝彦
発行人　鈴木亮介
発行所　株式会社　小学館
〒101-8001 東京都千代田区一ツ橋 2-3-1
電話：編集 03-3230-5585　販売：03-5281-3555

印刷　大日本印刷 株式会社
製本　株式会社 若林製本工場

装幀　柳澤健祐＋マミアナグラフィックス
装画　伊東浩司
撮影　浅野 剛、平野哲郎
校正　くすのき舎
販売　中山智子
宣伝　秋山 優
制作　国分浩一
資材　朝尾直丸
編集　角山祥道
伏見友里
堀米 紫（小学館）

ISBN978-4-09-396546-0